Mathias Jung

Eigensinn macht stark

Lob des Ungehorsams

Mathias Jung

Eigensinn macht stark

Lob des Ungehorsams

Leben heißt, mit einem Fallschirm abspringen;
Leben heißt, etwas riskieren,
hinfallen und wieder aufstehen;
Leben ist wie Steilwandklettern, es bedeutet,
nicht zu ruhen und nicht zu rasten,
bis man den eigenen Gipfel erklommen hat.

Paul Coelho
Elf Minuten (2003)

ISBN 978-3-89189-228-2
1. Auflage 2021

Umschlaggestaltung: Simone Kerschbaum
Gesamtherstellung: Eberl & Kœsel Studio GmbH, Krugzell

Für meine eigen-sinnige Liebste
Ilse

Inhalt

Eigensinn oder Eigen-Sinn

Unbedingter Gehorsam setzt Unwissenheit bei dem Gehorchenden voraus.

Montesquieu
Vom Geist der Gesetze (1748)

Wie komme ich dazu, dieses Buch zu schreiben? Setzen wir Eigensinn nicht allenthalben mit Dickköpfigkeit, Starrsinn und Unbelehrbarkeit gleich? Wie viele von uns wurden als Kinder angeschrien: »Wir werden Dir Deinen Eigensinn schon noch austreiben. Solange Du Deine Füße unter unseren Tisch stellst, hast Du zu gehorchen.« Gegenüber eigensinnigen Ehefrauen galt lange der männliche Spruch: »Ein eigensinnig Weib fürchtet nur die Prügel.«

Gehorsam war und ist also angesagt. Gehorsam kommt etymologisch von *Gehör, Horchen*. Wer hinhört, soll folgen. Da gibt es den kindlichen Gehorsam, den militärischen Gehorsam, den vorauseilenden Gehorsam und den Kadavergehorsam. In den faschistischen und kommunistischen Organisationen galt die Parole:

»Die Partei hat immer Recht«. Die Jesuiten forderten in ihrer zentralen Ordensregelung das *sacrificium intellectus*, also das *Opfer des Verstandes* für die höhere Sache.

Als Philosophiestudent irritierte mich, den braven Jesuitenschüler, der Philosoph Georg Wilhelm Friedrich Hegel (1770 – 1831). Er sah im Eigensinn die Haltung, »nichts in der Gesinnung anerkennen zu wollen, was nicht durch den Gedanken gerechtfertigt ist«. Der Denker der Freiheit sah darin das »Charakteristische der Neuern Zeit« und »das eigentümliche Prinzip des Protestantismus« als Revolte gegen die katholische Dogmatik (Grundlinien der Philosophie des Rechts, Vorrede). Also, so folgerte ich, kann Ungehorsam im Gegenteil das Gebot der privaten oder historischen Stunde sein.

Gab es denn nicht den »Ungehorsam« von Kirchenreformern wie John Wyclif, Jan Hus, Martin Luther und Thomas Müntzer oder der Theologen Hans Küng und Eugen Drewermann? Brach nicht Gandhi 1930 am Ende des Salzmarsches symbolisch das Salzmonopol der britischen Kolonialherren, indem er einige Körner Salz vom Strand auflas? Praktizierte der Baptistenpastor und Bürgerrechtler Martin

Luther King nicht den »zivilen Ungehorsam« gegen die politische Praxis der Rassentrennung? Und wir Studenten, protestierten wir nicht mit Demonstrationen und Sit-ins gegen die Verbrechen der USA-Armee in Vietnam, die Junta der Obristen in Griechenland, den Diktator Salazar in Portugal, den Faschisten Franco in Spanien, Pinochet in Chile und den Schah von Persien?

Wandten wir uns nicht gegen die Notstandsgesetze, den Nato-Doppelbeschluss und die Berufsverbote? Las ich nicht in meinem Zweitfach Germanistik in Schillers »Wallensteins Lager« den kritischen Satz des Wachtmeisters: »Das Wort ist frei, die Tat ist stumm, Gehorsam blind«?

Später, knapp über vierzig, machte ich mich endlich an die längst fällige Seelenarbeit in einer Gruppen- und Einzeltherapie und in der Lehranalyse zum Gestalttherapeuten. Da erkannte ich die für mich fast revolutionäre Warnung des Sprichwortes »Immer nur nett sein, ist gefährlicher als Kettenrauchen«. Als ich selbst als Gymnasiast und notorisch schlechter Schüler nach sieben Jahren aus einem österreichischen Jesuiteninternat flog, fühlte ich mich als Schande der

Familie. Meine Mutter hatte diese Schule viel Geld gekostet. Jetzt erkannte ich als Erwachsener: Es war meine – sicherlich diffuse – Rebellion gegen die Lieblosigkeit und religiöse Drohbotschaft dieser Erziehungskaserne. Es war keine Niederlage. Es war mein Weg. Ich wollte wieder nach Hause. Genau das hatte ich in meiner falschen Bravheit und meinem gedrillten Gehorsam in diesen sieben mageren Jahren nicht zu fordern gewagt. Ich war ja »Mutters Sonnenschein«.

Diese Erkenntnis, dass Eigensinn stark machen kann und der richtige »Ungehorsam« notwendig und befreiend ist, fand ich bei einem meiner Lieblingsschriftsteller, Hermann Hesse (1877–1962), bestätigt. In seinem kleinen Aufsatz »Eigensinn« (1917) beschreibt er mit klaren Worten seine Lebensmaxime: »Eine Tugend gibt es, die liebe ich sehr, eine einzige. Sie heißt Eigensinn – von all den vielen Tugenden, von denen wir in Büchern lesen und von Lehrern reden hören, kann ich nicht so viel halten. Und doch könnte man alle die vielen Tugenden, die der Mensch sich erfunden hat, mit einem einzigen Namen umfassen. Tugend ist: Gehorsam. Die Frage ist nur, *wem* man gehorche. Nämlich auch der Eigensinn ist Gehorsam. Aber alle anderen, so sehr beliebten und belobten Tugenden sind Gehorsam gegen Gesetze, welche von Menschen gegeben sind. Einzig der Eigensinn ist es, der nach diesen Gesetzen nicht fragt. Wer eigensinnig ist, gehorcht einem anderen Gesetz, einem einzigen, unbedingt heiligen, dem Gesetz in sich selbst, dem ›Sinn‹ des ›Eigenen‹.«

Dabei, konstatiert Hesse, gilt der Eigensinn meist als bedauerliche Unart, ja als ein Laster. Tatsächlich produziere, so der Dichter, die Unbeirrbarkeit Hass: »Siehe Sokrates, Jesus, Giordano Bruno und alle anderen Eigensinnigen.« Was heiße denn »Eigensinn«? Hesse: »Das, was einen eigenen Sinn hat.«

Hesse formuliert naturphilosophisch, fast im Sinne des Denkers Spinoza (1632–1677): »Einen ›eigenen Sinn‹ nun hat jedes Ding auf Erden, schlechthin jedes. Jeder Stein, jedes Gras, jede Blume, jeder Strauch, jedes Tier wächst, lebt, tut und fühlt lediglich nach seinem ›eigenen Sinn‹, und darauf beruht es, dass die Welt gut, reich und schön ist. Dass es Blumen und Früchte, dass es Eichen und Birken, dass es Pferde und Hühner, Zinn und Eisen, Gold und Kohle gibt, das alles kommt einzig und allein davon, dass jedes kleinste Ding im Weltall seinen ›Sinn‹, sein eigenes Gesetz in sich trägt und vollkommen sicher und unbeirrbar seinem Gesetze folgt.«

Der Eigen-Sinn ist immer gerichtet auf das eigene Wachstum. Es lebt, so Hesse, als »unweigerliches Gesetz in der eigenen Brust, die ihm folgenden Menschen des bequemen Herkommens so unendlich schwer fällt, dass dem Eigensinnigen aber Schicksal und Gottheit bedeutet«. Der Held ist nicht der Mensch der Konvention, der nie hinterfragten Pflichterfüllung, der Soldat, der tötet, der Polizist, der den jüdischen Mitbürger zur Sammelstelle in die Deportation führt, der KZ-Aufseher, der »seinen Dienst« erfüllt. Der »gehorsame« Mensch in diesem destruktiven Sinn ist eine Marionette. Er hasst alle Dinge, die die Konvention in Frage stellen. Hesse: »Denn … der Eigensinnige zeigt den Millionen der Gewöhnlichen, der Feiglinge, immer wieder, dass der Ungehorsam gegen Menschensatzung keine rohe Willkür sei, sondern Treue, gegen ein viel höheres, heiligeres Gesetz. Anders ausgedrückt: Der menschliche Herdensinn fordert von Jedermann vor allem Anpassung und Unterordnung – seine höchsten Ehren aber reserviert er keineswegs dem Duldsamen, Feigen,

Fügsamen, sondern gerade den Eigensinnigen, den Helden.«

Der schlichtweg bockige Eigensinnige und der Eigen-Sinnige haben also verschiedene Charaktere. Der Letztere lässt sich nicht durch die Kommandos »Du musst« und »Du sollst« fremdbestimmen. So stellte ich im GESUNDHEITSBERATER, dem Magazin der Gesellschaft für Gesundheitsberatung (GGB) e.V., und über das Internet der Leserin und dem Leser drei Fragen:

- Wann und wie warst Du in Deinem Leben produktiv ungehorsam?
- Was hat das für Deine Entwicklung bedeutet?
- Was rätst Du in Sachen »Bravsein« und »Ungehorsam« anderen?

Die Resonanz, die ich bekam, freut mich. Ich danke Dir, liebe Schreiberin, lieber Schreiber, für die Offenheit, mit der Du Dich offenbart hast. Das hätte ich selbst so nie schreiben können. Du machst damit den Lesern der folgenden Kapitel Mut zu dem, was der Philosoph Ernst Bloch (1885–1977) in seinem dreibändigen Monumentalwerk »Das Prinzip Hoffnung« den »aufrechten Gang« nennt.

Wir gehorchen zu viel. Wir leben zu wenig. Frauen müssen lernen, ihre Stärke zu zeigen und sich nicht ständig durch den Mann definieren. Männer, oft Analphabeten der Gefühle und Virtuosen der Außenwelt, müssen begreifen, ihre weibliche Seele zuzulassen und nicht zu versteinern. Der Diplompsychologe Thomas Bock erkennt in seiner Studie »Eigensinn und Psychose« (2006) die »Noncompliance«, also die Verweigerung der falschen Mitarbeit und unterdrückenden Erwartungen, als Chance: »Jeder braucht in seiner Entwicklung nicht nur Phasen des sozialen Lernens durch Orientierung an anderen, sondern auch Phasen des Aufbruchs und des Eigensinns. Jeder von uns ringt immer wieder neu um eine innere Balance von Anpassung und Widerstand, von Bindung und Autonomie. Die Ausschläge dieser Balance können dabei sehr verschieden sein. Wir alle durchlaufen in unserem Leben Phasen, in denen wir uns neu ordnen müssen und können: Pubertät, Ablösung vom Elternhaus, Bindung an einen Partner, Geburt eines Kindes, Übergang von Ausbildung und Beruf, Trennungen usw. Solche

Übergangsphasen zu unterdrucken, birgt das Risiko psychischer Störungen.«

Diese entwicklungspsychologische und soziale Bestimmung ist aktueller denn je. Es gibt keine ewig gültigen, vorhersehbaren Lebenskonzepte mehr. Das Leben ist zur Baustelle geworden. Jeder muss sich auf radikale Brüche einstellen und trotzdem Sittlichkeit und Moral für sich selbst begründen. Der Mut zum Ich und der Mut zum abschiedlichen Leben gehören dazu. Die Trennung von Unnützem, nicht mehr Lebendigem ist eine wichtige Aufgabe. Den aufrechten Gang muss jeder selbst entwickeln. Wir brauchen Glauben an unser Leben, an das Unverzichtbare als unzerstörbaren Kern unserer Persönlichkeit. Wir dürfen aus erster Hand leben.

Das erfordert Mut und Authentizität. Das französische Wort für Mut lautet »courage«. Es stammt von dem Wort »coeur«, das Herz. Es will sagen, dass wir unser Herz öffnen und uns ohne Angst dem Neuen stellen. Das Gegenteil sind unsere Ängste, die uns einschnüren und am Alten kleben lassen. Angst stammt vom lateinischen Wort »angusta«, die Enge. Diese beängstigende Enge lässt uns erstarren. Der Schatten des Ungelebten legt sich über uns.

Der Schweizer Pfarrer und Lyriker Kurt Marti (1921–2017) drückt dies in seinem Gedicht über eine »gehorsame« Frau so ins Bild:

Als sie mit zwanzig
ein Kind erwartete
wurde ihr Heirat befohlen.

Als sie geheiratet hatte
wurde ihr Verzicht auf alle
Studienpläne befohlen.

Als sie mit dreißig noch
Unternehmungslust zeigte
wurde ihr Dienst im Hause
befohlen.

Als sie mit vierzig
noch einmal zu leben versuchte
wurde ihr Anstand und Tugend
befohlen.

Als sie mit fünfzig
verbraucht und enttäuscht war
zog ihr Mann zu einer jüngeren Frau.

Liebe Gemeinde
wir befehlen zu viel
wir gehorchen zu viel
wir leben zu wenig.

Elisabeth, eine Schweizer Landsfrau von Kurt Marti, beschrieb mir dagegen ihre produktive Ungehorsamkeit in knapp fünf Sätzen: »Ich entschied mich 1997 für eine Hausgeburt. Es war die einzige Hausgeburt in Rapperswil-Jona, und die Leute nannten mich verantwortungslos. Das bedeutete Vertrauen für mich und die Natur. Sei kritisch, suche die Quelle der Aussage und folge nicht immer der Mehrheit. Sei du selbst, denn du wirst sowieso nie von allen gemocht werden.«

In diesem Sinn gebe ich Frauen immer gern das wütende Gebet von Lena Malmgrin aus einem schwedischen Frauengottesdienst mit auf die Lebensreise:

Ich bekenne, dass ich keinen Glauben an
meine Möglichkeiten gehabt habe. Dass
ich in Gedanken, Worten und Taten
Verachtung für mich und mein Können
gezeigt habe.

Ich habe mich selbst nicht gleichviel geliebt wie die anderen, nicht meinen Körper, nicht mein Aussehen, nicht meine Talente, nicht meine eigene Art zu sein.

Ich habe andere mein Leben steuern lassen.

Ich habe mich verachten und vielleicht sogar misshandeln lassen.

Ich habe mehr auf das Urteil anderer vertraut als auf mein eigenes.

Ich habe zugelassen, dass andere respektlos und abwertend mir gegenüber waren, ohne ihnen Einhalt zu gebieten.

Ich bekenne, dass ich mich nicht im Maße meiner vollen Fähigkeiten entwickelt habe.

Dass ich feige gewesen bin, um in einer gerechten Sache Streit zu wagen.

Dass ich mich gewunden habe, um Auseinandersetzungen zu vermeiden.

Ich bekenne, dass ich nicht gewagt habe,
zu zeigen, wie tüchtig und wie stark ich
bin.

Dass ich nicht gewagt habe, so zu sein,
wie ich wirklich bin.

Wenn ich um etwas bitte, dann um das:
Vergib mir meine Selbstverachtung, richte
mich auf, gib mir Glauben an mich selbst
und Liebe zu mir selbst.

Die Ablösung

Das Kind kann nicht leben, wenn es nichts zerbricht.

Friedrich Nietzsche
Umwertung aller Werte (1888)

Die Ursprungsfamilie kann Paradies, Hölle oder irgendetwas dazwischen gewesen sein. Der schwedische Dramatiker Johann August Strindberg (1849–1912) erlebte eine bittere Kindheit unter dem Kommando seines strengen Vaters und der Stiefmutter. Er beschreibt das Elend in seinem erschütternden Werk »Der Sohn der Magd«. Darin stellt er den Mythos der heilen Familie in Frage: »Herrliche, friedliche Institution, heilige Familie, unantastbare göttliche Stiftung, die Staatsbürger zu Wahrheit und Tugend erziehen sollen! Du angeblicher Hort der Tugend, wo unschuldige Kinder zu ihrer ersten Lüge gefoltert werden, wo die Willenskraft durch Despotie zerbröckelt wird, wo engstirniger Egoismus das Selbstgefühl tötet.«

Man möchte an dieser abgründigen familiaren Diagnose zweifeln. Doch in meiner Praxis bin ich immer wieder gezwungen, in Abgründe zu schauen. In meinem Buch »Seelenwunden. Die Heilung des verletzten Kindes« habe ich mir die Vorgeschichte des schwulen Mannes Paul (Name geändert) erzählen lassen, der immer wieder seinen geliebten Freund betrog. Er gestand: »Ich verletze oft Menschen, die ich liebe. Wolfgang (Name geändert) liebe ich mehr als mein eigenes Leben, was ich ihm aber oftmals nicht zeige, weil ich immer noch einen Schutzwall um mich behalte.«

Pauls Mutter, eine Alkoholkranke mit wechselnden männlichen Kontakten, hatte Paul, als er noch ein Kleinkind war, verlassen. Sein Vater steckte ihn in ein Heim. Paul: »Ich weiß es noch, als ob es gestern war. Alleingelassen in einem wildfremden Umfeld, ohne geliebte Menschen, ohne Geborgenheit. Keine Liebe, keine Familie. Allein in der Dunkelheit, ohne Licht im Tunnel. Alle geliebten Dinge, die mich an meine Familie erinnert haben, wurden mir weggenommen. Ich durfte keine Gefühle zeigen. Sie galten als Zeichen der Schwäche. Ich musste für jeden kleinsten Eigenwillen Prügel einstecken. Zum Mittagsschlaf wurden wir in Säcke gelegt, die mit einem

Zugband zugemacht wurden. Wenn man ins Bett gemacht hatte, gab es Prügel.« Und doch hat das einstige Schattenkind Paul einen neuen Weg gefunden, sich mit seinem Vater versöhnt, den Hass auf die Mutter aufgegeben und seinen Lebenspartner um Verzeihung gebeten. Er hat sich abgelöst von der Grausamkeit seiner Kindheit, der emotionalen Einigelung und den Rachegefühlen.

Wilhelm Busch (1832–1908), wohl der erste deutsche Cartoonist und geistige Anhänger der Mitleidsphilosophie Arthur Schopenhauers (1788–1860), hat diese Versöhnung in seinem Gedicht »Buch des Lebens« gefordert:

Hass, als Minus und vergebens,
wird vom Leben abgeschrieben.
Positiv im Buch des Lebens
steht verzeichnet nur das Lieben.
Ob ein Minus oder Plus
Uns verblieben, zeigt der Schluss.

Ein schlimmes Schicksal erlebte auch Regina. Sie erinnert sich: »Eigentlich war ich immer ein schüchternes, angepasstes Kind. Nur nicht auffallen. Ein Außenseiter war ich in den ersten

Schuljahren, hauptsachlich dadurch, dass meine drei jüngeren Schwestern und ich nie so gut gekleidet waren wie die anderen Kinder. Auch bekam ich erst mit elf Jahren ein minimales Taschengeld und hatte nie ein Frühstück mit zur Schule. Kurzum, wir wurden vernachlässigt und geschlagen. In kalten Wintern, wenn die Eltern kein Geld für die Ölheizung hatten – an den Fenstern bildeten sich Eisblumen –, froren wir und gingen in Winterpullovern und warmen Strumpfhosen abends zu Bett. Ab und zu kontrollierte unser Vater unsere Schulaufgaben. Meine nächst jüngere Schwester, mit der ich das Zimmer teilte, war im Rechnen schlecht, also versuchte er, ihr auf seine Weise das Bruchrechnen beizubringen. Für jede falsche Antwort gab's eine Ohrfeige, oder sie wurde angeschrien. Ich stand derweil im Türrahmen und versuchte, meiner Schwester zu helfen, indem ich ihr mit den Fingern die Lösung anzuzeigen versuchte. Das klappte aber nicht gut.«

Doch dann nahm Regina ihr Leben und das ihrer Schwester in die Hand: »Wegen irgendeiner Bagatelle – mein Vater war jähzornig – hatte meine Schwester mal wieder Prügel bezogen. Das war schlimm, denn ich selbst habe die Erinnerung an häufiges starkes Nasenbluten durch kräftig-harte ›Vater-Ohrfeigen‹. Wie immer lagen wir an diesem Abend gegen 20.00 Uhr in unserem Etagenbett und schmiedeten mal wieder Pläne, wie wir dieser Hölle entfliehen könnten. Es war der 29. Dezember 1969, und als wir an diesem Abend hörten, dass auch die Eltern zu Bett gegangen waren, zogen wir uns warm an, schlichen zum Fenster und stiegen auf die Hochterrasse des Hauses, in dem wir zur Miete wohnten. Von dort aus balancierten wir, nachdem wir über das Geländer geklettert waren, über ein offenes Tor, ließen uns an der Mauer herunter und sprangen hinab ins Ungewisse, in ein neues Leben! Es war schon nach 23.00 Uhr. Wir rannten unbehelligt durch die dunklen Straßen und klingelten Sturm bei einer Freundin meiner Mutter.«

Das Ergebnis: »Mit Hilfe der Polizei wurden wir in dieser Nacht dann in ein nahe liegendes Kinderheim gebracht. Wir blieben für drei Wochen. Es war für uns dort wie ein Paradies! Die jungen, sehr liebevollen Erzieherinnen, kleine alters- und geschlechtergemischte Wohngruppen und ein erfrischend offener, freiheitlicher und liebevoller Umgang prägten diese wundervollen Wochen.« Wenig später kamen sie in ein anderes Kinderheim mit einigen biestigen katholischen Ordensschwestern: »Es war eine harte Schule … aber es gab auch immer innerhalb und außerhalb des Heimes Menschen, denen wir Kinder sehr am Herzen lagen. Für mich war es unsere gute Lehrerin, bei der wir gemeinsam mit den Dorfkindern in die Schule gingen. Auch waren in den fünfeinhalb Jahren, in denen ich dort lebte und viel lernte, in der Ordensgemeinschaft auch Schwestern, die durch ihre besondere Ausstrahlung uns Kindern viel Liebe entgegenbrachten. Wir erlebten zum Beispiel wunderbare Feste und besuchten die erste Montessorischule Niedersachsens. Das Wechselspiel des Lebens hatten wir dann als junge Erwachsene dort gemeistert.«

Heute lebt Regina mit einem Mann zusammen, der ein guter Handwerker, aber alkoholkrank ist. Nun wird sie die Pilgerreise auf dem Jakobsweg als »letzte Entscheidungshilfe« nutzen. Wenn der Mann nicht zu einer Alkoholtherapie bereit ist, wird sie eigen-sinnig in ein neues Leben ohne ihn aufbrechen. Ich gebe dir, liebe Regina, eine Überlegung des berühmten Psychiaters Fritz Künkel (1889 – 1956) aus seiner

Studie »Die Arbeit am Charakter« mit: »Was aber soll derjenige tun, der zu wissen meint, was für ihn das Richtige sein würde, und der daran leidet, dass er nichts tun kann, weil es für seinen Partner zu belastend wäre? – Er frage sich immer wieder, ob er nicht im Grunde nur Angst vor seinem eigenen Weg hat, ob er nicht das Leiden des Stehenbleibens lieber auf sich nimmt als die Verantwortung des Vorwärtsgehens? Wenn er nämlich in der Lage verharrt, in der er sich befindet, so fällt die Verantwortung für alles Ungemach auf den, um dessentwillen er angeblich seinem eigenen Wege entsagt. Wäre es nicht besser, diese Last dem anderen abzunehmen? Ist es nicht Mangel an Mut, vor einem solchen Schritt zurückzuscheuen? Ja, mehr noch, heißt es nicht, den anderen um seinen Schicksalsweg zu betrügen, genau wie man sich selbst um seinen Weg betrügt?«

»Ungehorsam« war der sonst so brave Jens: »Mit meinen sechzehn Jahren, verliebt in ein eineinhalb Jahre älteres unkonventionelles Mädchen voller ›Lebenssinn‹ und Andersartigkeit im Kopf, wollte ich selbst etwas ausprobieren. Madmax hieß ein Frisör, der in München ein Geheimtipp war. Es ging mir darum, einmal meine Haare verlängern zu lassen. Zöpfe sollten es sein. Ich habe keineswegs überlegt, wie es mir danach auch gefallen könnte. Es war aufregend. Das gute Gefühl danach hat mir Mut gemacht. Selbstverständlich gab es die unterschiedlichsten Situationen in meinem Umfeld. Eine Freundin meiner Mutter meinte: ›Dem hätte ich sofort die Zöpfe abgeschnitten‹. Doch diese eigensinnige Realisierung hat mir gezeigt, dass Eigenverantwortung ein wundervoller Garant ist für die eigene Lebendigkeit. Auch die Bereitschaft, daraus Konsequenzen zu ziehen, für sich selber oder andere ein eindeutiges Statement zu geben. Veränderung ist der weitere Schritt in Richtung des Unbekannten. Mir haben auch weitere ›Eigenaktionen‹ geholfen, über das Bravsein hinauszukommen. Ein Vater antwortete seinem Sohn auf die Frage, ›Wenn meine Segeljolle kentert, was sollte ich tun?‹, ›Lass dich auf den Seeboden sinken und laufe zum Ufer‹. Der Vater war keineswegs naiv, vielmehr ein Botschafter für Eigenverantwortung.«

Als ein »angepasstes Kind ohne Widerworte« charakterisiert sich Claudia: »Immer lobten um uns herum Leute meine Eltern, wie artig doch mein Bruder und ich seien. Wir waren immer nur still, haben keinen Ton gesagt. Wir durften zum Essen nicht trinken. Das macht satt! Jegliche Ausgelassenheit und Fröhlichkeit wurde im Keim erstickt. Dabei bin ich quirlig und lebendig und voller Tatendrang und kreativer Ideen.« Später ließen sich die Eltern scheiden. Claudia wurde dem Vater zugesprochen. Dieser bestimmte autoritär über ihr Leben: »Meinem Berufswunsch, einmal Kindergärtnerin zu werden, wurde mit den Worten ›Du willst doch nicht wirklich anderer Leute *Pänz* erziehen‹ zunichte gemacht. Ich sollte in den öffentlichen Dienst gehen. Das sei das Beste. Ich fügte mich und erhielt die Zusage für einen Ausbildungsplatz als Bürogehilfin bei der Verbandsgemeindeverwaltung. Glücklich darüber, den ganzen Tag an der Schreibmaschine zu tippen, war ich durchaus nicht. Aber widersprechen konnte und durfte ich nicht. Das war ein ›no go‹«.

Dann hat Claudia rebelliert: »Im Alter von sechzehn Jahren habe ich das erste Mal gewagt, anders als vorgegeben zu handeln. Durch einen Zufall erfuhr ich, dass die Firma Bosch Bürokaufleute ausbildete. Das war für mich verlockend. Ich bewarb mich dort mit Erfolg. Ich tat dies heimlich und erzählte meinem Vater nichts davon. Zu dieser Zeit hatte ich für die Ausbildung bei der Verbandsgemeinde alles in die Wege geleitet. Das war ein absolutes Drama aus Sicht meines Vaters, als ich bei dieser Behörde alles revidierte und zur Firma Bosch wechselte.«

Ihr Ungehorsam brachte Claudia süße Früchte: »Schon bald fiel mir dort ein recht arrogant scheinender und voller Selbstbewusstsein erfüllter Kerl namens Andreas auf. Andreas war ebenfalls ein Auszubildender der Firma im Elektronikbereich. Ich verguckte mich sofort in ihn und tat alles nur Erdenkliche, ihm in den Räumlichkeiten unseres Betriebs zu begegnen. In den drei langen Jahren des Flirtens sind wir am Ende der Ausbildung ein Paar geworden. Fazit: Hätte ich nicht nach meinem Eigensinn entschieden und wäre weiterhin meinem Vater gehorsam geblieben, gäbe es all die gemeinsame Zeit miteinander und unsere wundervollen Kinder nicht. Mein Vater hätte immer für mich ausgesucht und bestimmt. Ich säße heute noch auf der Stange im Inneren eines Vogelkäfigs.«

In dem Theaterstück von Tennessee Williams (1911 – 1982) »Plötzlich im letzten Sommer« las ich einmal den Satz: »Wir alle benutzen einander und nennen es Liebe. Wenn wir einander nicht benutzen können, nennen wir es Hass.« Daran erinnert mich die Geschichte von Paul, Annette und ihrem Sohn Christian. Sie tauchten nacheinander in meiner Praxis auf. Der Vater Paul sagte erbittert: »Christian ist ein Taugenichts. Er zieht mir nur das Geld aus der Tasche. Er studiert irgendeine blöde Orchideenwissenschaft, von der er nie leben können wird. Seine Freundin ist eine blasierte Schnepfe. Ich habe den Kontakt mit ihm abgebrochen.«

Die Mutter Annette klagte: »Christian ist so egoistisch. Ich habe alles für ihn getan. Er ist unser einziges Kind. Er war mein Herzblatt. Aber schon zwei Jahre vor dem Abitur begann er, uns abzulehnen, wurde laut und rechthaberisch. Ich glaube, er studiert gar nicht, sondern er kifft nur rum und lässt sich hängen. Wir zahlen sein Studium, aber er ist unser verlorener Sohn.« Beide jammerten unisono: »Im Augenblick ist Christian in den Semesterferien hier in der Nähe. Er schneidet uns, er wohnt demonstrativ bei seiner Freundin. Können Sie ihn nicht einmal anrufen und ihm ins Gewissen reden?«

Genau das ist natürlich ein therapeutisch unmögliches Ansinnen: Zur Beratung muss jemand schon freiwillig kommen und nicht *par ordre du mufti*, auf Kommando der Eltern. Trotzdem rief ich den »Bösewicht« Christian an. Hoffnung hatte ich wenig. Ich erwartete vielmehr eine harsche Abfuhr von dem »Elternmörder«. Doch das Gegenteil geschah. Eine sanfte Stimme meldete sich und sagte: »Ja, ich komme gern.« Christian erschien. Ich war überrascht. Er war ein wohlerzogener, gebildeter junger Mann von vierundzwanzig Jahren. Gerade hatte er seine Doktorarbeit in Sinologie (China-Wissenschaft und Sprachstudium) begonnen und bereits ein Volontariat in seiner künftigen, im Reich der Mitte engagierten Exportfirma absolviert. Nichts war von Kiffen, Herumtreiberei und Verwahrlosung.

Nun erfuhr ich *seine* Wahrheit. Die Eltern hatten ihm drei Entscheidungen übel genommen: Dass er seit dem sechzehnten Lebensjahr eigene Wege ging. Dass er nicht in der Heimatstadt studierte. Dass er nicht Ingenieurwissenschaft, sondern die angeblich brotlose Kunst Sinologie studierte. Es waren Paul und Annette, die daraufhin den Kontakt abbrachen und Christian zur Persona ingrata, zur unerwünschten Person, erklärten. Vergeblich hatte er ihnen mit mehreren Briefen seinen Lebensweg und seine Identitätsfindung zu erklären versucht. Sie blieben uneinsichtig.

Hinter so viel elterlicher Abwehr musste ein großer Schmerz stecken, der weit über die klassische Ablösungsproblematik hinausging. So vermutete ich. Ich lag richtig. Ich arbeitete zunächst mehrere Stunden mit Annette und Paul. Warum hatten sie ihren so geliebten Sohn verstoßen? Annettes Kindheitsgeschichte löste den einen Teil des psychologischen Rätsels ihrer Überreaktion: Das war, psychoanalytisch gesprochen, enttäuschte Liebe. Als Annette vierzehn Jahre alt war, hatte der Vater Mutter und Tochter wegen einer anderen Frau verlassen. »Ich hatte ihn schrecklich geliebt«, erinnerte sich Annette. Ihr Selbstwertgefühl war zerstört.

In Paul fand sie später einen gusseisern verlässlichen Mann – das war das Geheimnis ihrer Partnerwahl (»Nie wieder darf mir ein Mann weglaufen«). Aber bei Pauls gefühlsarmem Naturell erlebte sie keine wärmende Liebe. Umso mehr klammerte Annette sich wie ein Zweikomponentenkleber an den kleinen Sohn, den zärtlichen, mutterfixierten Wonneproppen Christian.

Es war eine symbiotische, überbehütende,

letztendlich egoistische und nicht loslassende Liebe. Als sich Christian mit sechzehn Jahren, spät genug, dem Würgegriff dieser mütterlichen Python zu entziehen begann, sich seiner Freundin, der »Schnepfe«, zuwandte und zum Studium an das andere Ende der Republik zog, verhängte Annette den Bannstrahl über ihn. Das war eine Abwehrmaßnahme, eine tarnende und schützende Reaktionsbildung: Um ihre neurotische Ersatzliebe und den somit qualvollen Trennungsschmerz nicht spüren und offenbaren zu müssen.

Den anderen Teil des Rätsels löste Vater Paul am Ende der packenden, radikalen ehrlichen Sitzungen selbst. Er sagte traurig: »Ich wurde von meinem Vater nicht geliebt. Dabei bin ich ihm immer wie ein Hündchen nachgelaufen. Er ließ mich auch nicht studieren, was mein brennender Wunsch war. Das Geld war ich ihm nicht wert. Ich habe unter dieser Zurücksetzung ein Leben lang gelitten. Ich habe ihm bis heute nicht verziehen, obwohl er inzwischen tot ist. Von meinem Sohn wollte ich die absolute Liebe. Das ging bis zu Christians Pubertät gut. Christian tat alles, was ich tat: Fußballspielen, Basteln, Wandern, Bowlingspielen. Er war sozusagen mein Klon. Ich liebte ihn abgöttisch, er mich wohl auch. Dann wurde er plötzlich ganz anders. Er trieb keinen Sport mehr, er wurde zum Bücherwurm. Er wollte auch nicht mehr Ingenieur werden, was doch mein Lebenstraum war. Da begann ich, ihn abzulehnen und ihm das Leben schwer zu machen. Ich war maßlos enttäuscht. Eigentlich war ich mehr mit Christian als mit meiner Frau verheiratet.«

Das war es. Paul und Annette hatten Christians Exodus selbst provoziert. Umgekehrt musste Christian flüchten, wenn er sich selbst finden wollte. Die Eltern hätten ihn sonst zu Tode geliebt. Sie hätten ihn zum Verlust seines Selbst getrieben.

Ablösung ist also nicht nur ein Drama für den Jugendlichen, sondern auch für die Eltern, besonders, wenn sie, wie Annette, ihr eigenes kindliches Trennungstrauma und, wie Paul, ihre unbewusste Vater-Sohn-Sehnsucht und seine Wunschdelegationen nicht verarbeitet haben. Überdies diente, wiederum unbewusst, Christian in seiner Ablösungsproblematik den Eltern als gemeinsamer Sündenbock, um von der verdeckten Problematik ihrer ungelebten Zärtlichkeit und Sexualität abzulenken.

Als Annette und Paul diese Zusammenhänge

begriffen, begann eine ebenso schmerzhafte wie befreiende Seelenarbeit. Die am Ende erfolgte Versöhnungsaussprache mit Christian in meiner Praxis war ergreifend. Jetzt konnten sie auch die Klugheit und Anmut seiner Freundin wahrnehmen. Die Eltern erkannten nunmehr auch Christians Leid. Wie sagte Nietzsche (1844–1900), der große Psychologe unter den Philosophen, in »Menschliches, Allzumenschliches«: »Die unaufgelösten Dissonanzen im Verhältnis von Charakter und Gesinnung der Eltern klingen in dem Wesen des Kindes fort und machen seine innere Leidensgeschichte aus.«

Von Julia können wir lernen, wie ein solches Familiendrama zu vermeiden und Respekt vor dem Eigen-Sinn des erwachsen werdenden Kindes zu wahren ist. Sie heiratete, aus ihrer Ursprungsfamilie flüchtend, mit zweiundzwanzig Jahren ihren Mann, »weil ich nicht den Mut hatte, nein zu sagen und so die neu gewonnene Familie zu verlieren«. Sechs Wochen nach der Geburt des zweiten Kindes kam heraus, dass ihr Mann seit über einem Jahr eine Affäre mit einer minderjährigen Schülerin hatte. Dann war Julia allein mit zwei kleinen Kindern. Sie selbst fühlte sich in ihrer Ursprungsfamilie ungeliebt. Später bekam Julia mit ihrem zweiten Mann, der körperlich schwer behindert ist, noch einen Sohn. Mit der Tochter Klara und mit sich selbst hatte Julia Probleme. Ein Therapeut half ihr in der Mutter-Tochter-Beziehung und in der Aufarbeitung ihres Kindheitstraumas. Dann kam Klara in die Pubertät. Die Hormone schwappten, wie Julia so schön schreibt: »Plötzlich bekam ich einen Brief von Klaras Lehrer. Sie würde wohl zu ihrem leiblichen Vater ziehen. Dieser bestätigte das auf Nachfrage. Klara hatte es mir nicht gesagt. Ich hatte einen Nervenzusammenbruch auf der Arbeit und beschloss, nicht auf Klaras Auszug zu warten. Mein zweiter Mann hatte ihre Sachen gepackt und Klara nach der Schule zu ihrem Vater gefahren. Ich habe sie nicht mehr gesehen. Ich fühlte mich amputiert.« Aber, und dieses »aber« ist entscheidend, »ich wusste, dass ich sie ohne Vorwürfe gehen lassen muss, damit sie – wenn sie so weit ist – wiederkommen kann. Ich bewundere auch ihren Mut, sich aus einer für sie beengten Situation zu lösen. Nun schreibe ich ihr Briefe, die ich ihr nach etwas Zeit abschicken werde. Es kommt die Zeit, dass sie sich wieder mit sich wohler fühlt und meine Nähe wieder zulassen kann.«

Julia hat mit der Situation und damit ihrer Entwicklung Recht. Klara liegt mit ihrer Ablösung richtig. Noch einmal Fritz Künkel: »Ist es Kindesliebe, wenn man seinen Eltern die Krisis zu ersparen sucht, in die das Leben sie hineinführen will? Ist es Gehorsam, wenn man die lebenswidrigen Wünsche seiner Eltern erfüllt? Würde man seine Mutter töten, wenn die Mutter es befehlen würde? Man tötete sie aber tatsächlich, man stiehlt ihr das Leben, die Entwicklung, indem man ihr die Krisis zu ersparen sucht. … Die Antwort muss lauten: ›Bist Du allwissend, dass Du voraussehen kannst, wie die innere Entwicklung Deiner Mutter sich gestalten wird! Woher weißt Du, ob, wie sehr, oder wie lange sie nach Deiner Abreise leiden wird? Warum kannst Du es nicht so einrichten, dass durch Dein Fortgehen für die Mutter ein neues Leben beginnt? … Es handelt sich letzten Endes in all diesen Fällen um eine innere Unfruchtbarkeit oder, was dasselbe ist, um eine tiefe Unlebendigkeit bei beiden Beteiligten. Und es ist einerlei, wer von ihnen beiden zuerst begreift, dass das Dilemma nur gelöst werden kann, wenn einer von beiden die Verantwortung für einen Schritt nach vorwärts auf sich nimmt.«

Der Streit

Nicht jene, die streiten, sind zu fürchten, sondern jene, die ausweichen.

Marie von Ebner-Eschenbach
Aphorismen (1888)

Das Wort »Streit« hat einen negativen Beiklang. »Streitet doch nicht dauernd«, mahnt die Mutter schon die Kleinen, »seid friedlich«. Tatsächlich ist Streit oftmals toxisch, das heißt giftig. Wie sagt das Sprichwort: »Wer Dornen sät, soll nicht barfuß gehen.«

Das ist die eine Seite. Streit ist aber auch notwendig. Machtkämpfe sind wichtig, wenn es darum geht, mich nicht fremdbestimmen zu lassen, sondern die Macht über mich zu erkämpfen und zu behalten. Viele Menschen haben nie richtig gelernt, ihre Wut zu äußern, Zorn zu zeigen und ihr Interesse im Streit zu vertreten. Gutes Streiten verbindet. In meiner konstruktiven Aggression mache ich mich für die Umwelt wie für mich selbst wahrnehmbar. Ich grenze mich ab, zeige Konturen, stecke die Reviere ab.

Streit muss ausgetragen werden. Das ist die Kunst des Konflikts. Dabei ist es oft wichtig, nicht den gewohnten, unbeherrscht aufbrausenden Streit zwischen Tür und Angel und beleidigtem Rückzug zu praktizieren, sondern sich in einem eigens anberaumten Streitgespräch mit scharfer Sachlichkeit, aber um Verständigung bemüht, emotional zu begegnen: Gewaltfreie Kommunikation nach Marshall G. Rosenbaum.

Paare, die von sich behaupten, »Wir streiten uns nie«, sind so tot wie Mumien in den Pharaonengräbern. Die Wut ist ein Seismograph. Sie sagt: »Da stimmt etwas nicht. Da muss Änderung eintreten.« Wut ist Botschaft, Signal und Warnung. Wir brauchen das »Nein in der Liebe«, wie der Schweizer Psychotherapeut und Theologe Peter Schellenbaum (1939 – 2018) es in seinem gleichnamigen Buch nannte. Natürlich ist die Liebe zunächst ein großes, magisches Ja. Doch wenn wir als Liebende nicht Nein zu sagen vermögen, dann gefährden wir unsere Beziehung zu Eltern, Geschwistern oder dem Partner. Wir sabotieren unsere eigene Einwicklung. Wir tragen verborgenen Groll wie eine Eiterbeule mit uns herum, die nicht aufgestochen wird. Wir verbiegen uns. Wir wagen unser eigenes Leben nicht mehr. Das Nein in unseren Beziehungen bedeutet, positiv vorgebracht, die Verteidigung unserer Individualität. Schweigen entfernt uns, Streiten verbindet. Goethe fordert den kritischen Diskurs in seinem heute noch modernen Eheroman »Die Wahlverwandtschaften« (1809) besonders für die Beziehung ein: »Im Ehestand muss man sich manchmal streiten, denn dadurch erfährt man was voneinander.«

So hat sich Tina, heute eine Winzerin und Mutter von drei Kindern, ihre Berufswahl gegen den Vater erkämpfen müssen: »Als es immer konkreter wurde, was ich nach dem Abitur würde machen wollen, kam mein Vater mit dem Vorschlag, eine Banklehre zu beginnen. Wobei ›Vorschlag‹ eigentlich nicht das richtige Wort ist, er insistierte sehr stark auf seiner Idee. Er ließ nicht locker, mir eine Ausbildung zur Bankkauffrau schmackhaft zu machen, um mich damit unter Druck zu setzen. Für mich stand es nie zur Debatte, diese Ausbildung zu absolvieren, aber es war schwierig, sich als Achtzehnjährige gegenüber meinem Vater durchzusetzen.« Ein befreundetes Ehepaar unterstützte Tina. Es gab erbitterte Diskussionen, subtile Beeinflussungen und etliche unschöne Situationen. Tina: »Letztendlich studiert habe ich Sonderpädagogik mit Schwerpunkt ›Geistig-Behinderten-Pädagogik‹. Ich habe diese Arbeit gerne gemacht und als persönlich bereichernd empfunden.«

Das Paradoxe daran war, dass ihrem Vater selbst der Besuch der höheren Schule von seinem Vater verwehrt wurde. Er musste den Winzerbetrieb übernehmen. Aber: »Neben seiner Arbeit hatte er nach und nach die Mittlere Reife gemacht, den Winzermeister und letztendlich ein FH-Studium, das er als Diplom-Agraringenieur abschloss. Im Laufe der Zeit bekam er Rückenprobleme. Als sein Vater gestorben war, hat er alles Land verpachtet, den Betrieb aufgegeben und mit vierzig Jahren eine Umschulung zum Bankkaufmann(!!!) begonnen. Die Zahlen – das war seine Welt, da war er dann erfüllt. Schließlich hat er noch ein Studium zum Bankfachwirt abgeschlossen und bis zur Rente als Abteilungsleiter in einer Volksbank gearbeitet. Er hat den dafür nötigen Eigensinn erst relativ spät in seinem Leben aufgebracht.«

Tina, die längst auch das Examen zur Gesundheitsberaterin GGB bestanden hat, zieht die Bilanz: »Ich bin felsenfest davon überzeugt, dass mein damaliger ›Ungehorsam‹ bzw. Eigensinn lebensnotwendig für mich war und ich in einer Bank nicht glücklich geworden wäre.«

Töchter, das erfahre ich in den therapeutischen Sitzungen sehr häufig, mussten um Ausbildung und Beruf streiten. Johanna, heute eine bekannte Rechtsanwältin und kritische Publizistin, spürte schon früh einen fast unstillbaren Bildungshunger. Als Kleinkind freundete sie sich mit den jeweils vier Jahre älteren Nachbarssöhnen so gut an, »dass sie mich quasi zu ihrer kleinen Schwester ehrenhalber ernannten und mich überall mit hinschleppten. So lernte ich von den Buben viele Dinge, die ein kleines Mädchen in meinem Alter eigentlich nicht lernen sollte. Als die Buben später auf dem Gymnasium Latein lernten, war es für mich ganz selbstverständlich, dass ich ebenfalls Latein lernen würde. Diese Idee brachte meine Mutter und meine Großmutter mütterlicherseits regelrecht zur Verzweiflung. Meine Mutter schimpfte mit mir, ich solle mich endlich damit abfinden, dass ich ›nur ein Mädchen‹ sei. Meine Großmutter mütterlicherseits meinte, ich würde schon sehen, wo ich mit meinem ›Größenwahnsinn‹ noch enden würde. Meine Großmutter väterlicherseits sah die Dinge jedoch anders. Sie meinte, die Tschechen hätten uns bei der Vertreibung fast alle unsere materiellen Werte abgenommen. Was wir aber im Kopf hatten, hätten sie uns nicht wegnehmen können.«

Johanna setzte sich durch. Sie durfte auf das Gymnasium und Latein lernen. Das fiel ihr aber nicht leicht, denn zuhause konnte ihr niemand helfen. Da kam sie auf eine Idee: »Da unser Lateinlehrer ein alleinerziehender Vater war, musste er seine kleine Tochter immer mit in die Schule bringen. Ich bot ihm daher an, in den Zwischenstunden, wenn meine Klassenkolleginnen in die Eisdiele oder ins Café gingen, auf sein Töchterchen aufzupassen, der Kleinen vorzulesen oder mit ihr zu malen. Im Gegenzug erklärte der Lateinlehrer mir manches ein zweites oder ein drittes Mal. So wuchsen und gediehen meine Lateinkenntnisse sehr erfreulich.« Johanna wurde so gut, dass sie lateinschwachen Schülerinnen Nachhilfeunterricht geben und sich ein Taschengeld verdienen konnte: »Diese ›Subventionen‹ erlaubten es mir als armem Flüchtlingskind, plötzlich schicke ›High-Heels‹ und farbige Pullover zu meinen grauen Röcken zu kaufen, mit denen ich von meinen Eltern in die Schule geschickt wurde. In dieser modischen ›Aufrüstung‹ gelang es mir, in der ›Hackordnung‹ der Klasse einige Stufen aufzusteigen.«

Dann schien Johannas Leben vom Elternhaus aus programmiert. Sie sollte Grundschullehrerin oder Lehrerin für Handarbeit und Hauswirtschaft werden. Genau das wollte sie nicht: »Da mein Vater nicht bereit war, mir das Studium von ›Orchideenfächern‹ (Kunstgeschichte, Gartenarchitektur) zu finanzieren, und das von mir ebenfalls ins Auge gefasste Medizinstudium mit mindestens zwölf Semestern meinem Vater zu lange dauerte, einigten mein Vater und ich uns schließlich – quasi im Vergleichswege – darauf, dass ich Jura studieren dürfe, weil man in diesem Studium sogar schon nach sieben Semestern Examen schreiben konnte und immer noch kann.« Sie schaffte es mit acht Semestern.

Randbemerkung: Wie glücklich verlief dagegen die Sache mit meinem eigenen Studienwunsch. Meine geschiedenen Eltern waren beide Ärzte, die beiden Brüder Medizinstudenten, meine Schwester angehende Diplompsychologin. Ich wollte Philosophie studieren, aber kein Lehramtsexamen machen. Brotloser geht es ja wohl nicht. Da sprach meine kluge Mutter den grandiosen Satz aus: »Einen Philosophen können wir uns leisten.« Und ich bin nicht verhungert.

Zurück zu Johanna. Noch während ihres Studiums hatte ihre Mutter mit ihrer besten Freundin vereinbart, dass sie dessen Sohn heiraten werde: »Meine Mutter und meine Großmutter mütterlicherseits waren der Meinung, ich hätte mit der Heirat mit einem gut verdienenden Vollakademiker mein Studienziel erreicht. Johanna: »Obwohl meine Mutter unbedingt wollte, dass ich den Heiratsantrag annehme, weigerte ich mich standhaft, dies zu tun. Nach dem Examen heiratete ich einen Studienfreund, mit dem ich nun schon im fünfzigsten Ehejahr verheiratet bin.« Die erfolgreiche Juristin resümiert: »Ich kann den Mädchen nur raten, elterliche ›Regieanweisungen‹ nicht in blindem Gehorsam zu befolgen, sondern sich möglichst auf eigene Beine zu stellen und auf diesen eigenen Beinen auch stehen zu bleiben.«

In vielen Familien gibt es sogenannte maligne, also böse, meist verschwiegene Geheimnisse. In ein solches Geheimnis wollte der Vater von Sandra sie verwickeln: »Als mein Vater nach langer Krankheit bettlägerig im Sterben lag, bat er mich, einen verschlossenen Aluminiumkoffer in der Elbe zu versenken. Meine Mutter sollte davon nichts mitbekommen. Der Koffer musste etwas sehr Privates beinhalten. Ich vermute, Liebesbriefe von Affären oder Ähnliches – wissen tue ich es bis heute nicht. Welche Bürde für mich! Es war ein belastender Auftrag für mich als Tochter.«

Eine Zeit lang fuhr Sandra mit diesem Gepäck in ihrem Kofferraum in der Gegend herum, um ihn bei nächster Gelegenheit in die Elbe zu werfen. Sandra liebte ihren Vater. Auf dem Sterbebett fragte der Vater sie dann gleich, ob sie den Koffer versenkt hätte. Sandra: »Zum ersten Mal in meinem Leben wurde ich wütend wie nie und äußerte es ihm gegenüber klar und deutlich – und das an seinem Sterbebett. Er solle seine Themen gefälligst beizeiten selbst klären, mich nicht in seine Eheprobleme mit hineinziehen, ich sei schließlich die Tochter. Ich war es leid, all die Jahre der Kick zwischen meinen Eltern zu sein, die Schlichterin. Ich explodierte förmlich, hatte das Gefühl, um mich herum leuchtete ein glutroter Feuerball. Es war befreiend! Neunundzwanzig Jahre lang war ich stets die liebe brave Tochter gewesen, die sich nie widersetzt. So ungehorsam wie in diesem Augenblick war ich nie gewesen. Und das am Sterbebett meines Vaters!«

Die Mutter erfuhr von dem Koffer-Geheimnis: »Das war mir nun egal, denn es war schließlich ihres und das meines Vaters. Der machte mir weiter Druck und trieb es auf die Spitze: Wenn ich mich so widersetzte, bräuchte ich nicht zu seiner Beerdigung kommen. Meine mutige Antwort war: Das würde ich auch nicht, wenn er mich derart erpresste. Ich war bereit, diesen Preis in Kauf zu nehmen. Zum ersten Mal stand ich für mich ein, ließ mich nicht unterdrücken, war stark statt brav. Es fühlte sich gut an!«

Sandras Ehrlichkeit war die Lösung. Später am Tag rief der Vater Sandra an. Sandra war noch wütend über seine Unterdrückung. Mit einer Patentante besprach sie das quälende Problem: »Abends fühlte ich mich bereit und rief ihn zurück. Er entschuldigte sich in aller Form für sein Verhalten. Das hatte es vorher noch nie gegeben – nie hatte ich ein Schuldeingeständnis seinerseits gehört. Schließlich hatte ich ihm sein Fehlverhalten auch nie zuvor deutlich aufgezeigt. Als mein Vater wenige Tage später für immer einschlief, saß ich an seinem Bett. Wir waren beide im Frieden. Für mich war dies eine wichtige Lebenserfahrung: Für mich einzustehen und das Risiko einzugehen, deshalb nicht mehr geliebt zu werden. Ich möchte jedem Menschen raten, sich selbst aus dem Käfig zu befreien. Nichts ist es wert, der/die ewig Brave zu sein. Dafür wird uns kein Preis verliehen. Ungehorsam zu sein, fühlt sich hingegen richtig stark an.«

Die Beziehung zwischen Eltern und den erwachsenen Kindern ist, das wissen wir, häufig konfliktreich. Die Wurzeln der Dissonanz liegen, wie die Psychotherapie es offenbart, in einer leidvollen Kindheit. Karoline von Günderode (1780 – 1806), die bedeutende Lyrikerin der Romantik, notiert einmal in der »Geschichte des Braminen«: »Durch die Eltern spricht die Natur zuerst zu den Kindern. Wehe den armen Geschöpfen, wenn diese erste Sprache kalt und lieblos ist.«

Bei Richard (Name geändert) war es so. Später lehnten die Eltern seine Braut Marianne (Name geändert) ab. Sie kritisierten die Hochzeit, den Ort, die Art und die Anzahl der Gäste.

Sie sprachen von einem »Reinfall des Jahrhunderts«. In einem ebenso tapferen wie klaren Brief unter dem Motto »Wir sind nicht Eure Marionetten« stellte sich Richard vor seine Frau. Er las den Eltern die Leviten: »Immer wieder bekam ich während der Feierlichkeit einen Dämpfer versetzt, wenn ich in Eure Gesichter blickte. Diese sagten aus: ›Es ist uns nicht recht, es gefällt uns nicht, wir wollen das Ganze nicht!‹ Es war für uns einfach peinlich! Alle Freunde und sogar der Herbergsvater haben uns auf Eure Verhaltensweisen angesprochen. Es war zum Weinen! Der Höhepunkt war erreicht, als Du, Mutter, kurz vor unserer Trauung, Dich bei mir wie ein kleines Kind beschwertest: ›Du kümmerst Dich nicht um mich!‹. Bist Du so wichtig? Waren wir an diesem Tag nicht wichtiger?«

Der Brief von Richard und Marianne endete grundsätzlich: »Eure Beziehung zu mir war von jeher durch Zwänge gekennzeichnet, die mich zu *Eurem* Glück zwingen sollten. Wir möchten zukünftig über unser gemeinsames Leben selbst bestimmen. Deshalb möchten wir vorläufig keinen persönlichen Kontakt mit Euch, sondern sind bereit, eventuell auf einen Brief zu reagieren. Solange Ihr nicht begreift, dass Lieben nicht zwanghaftes Festhalten, sondern Loslassen bedeutet, wollen wir keinen Kontakt!«

Gegen die Schwiegermutter setzte sich auch Lie (Name geändert) durch. Sie berichtet: »1991 wurde unser erstes Kind, ein Sohn, geboren. Er war ein wirklich süßes, niedliches Kind mit rötlichem Haar. Ich hatte in eine äußerst traditionelle, sehr religiöse Familie eingeheiratet, alle regelmäßige Kirchengänger; am Mittagstisch wurde stets noch ein kurzes Gebet gesprochen. Als die gesamte Familie kurz nach der Geburt unseres Sohnes zusammen am Sonntagsmittagstisch saß, sagte meine dominante Schwiegermutter, die immer alles im Griff hatte und haben wollte, lauthals: ›Es ist ja ein süßes Baby, aber … die roten Haare müssen nun wirklich nicht sein …‹ Ich war entsetzt und schockiert. Am Tisch wurde es mucksmäuschenstill für einen Moment. Meine Empörung war groß, und ich reagierte prompt, aber trotzdem in vollem Bewusstsein, was ich da sagen würde, und entgegnete genauso lauthals zurück: ›Von einer Frau, die jeden Sonntag zur Messe geht, hätte ich mir dann doch etwas mehr Toleranz erwartet!‹… Weiter betretenes Schweigen am Tisch … Meine Schwiegermutter bekam einen roten

Kopf [illegible]. Aber … meine Aussage hatte gewirkt. Erst von jenem Augenblick an hatte ich das Gefühl, dass meine Schwiegermutter anfing, mich voll zu respektieren und mich auch demgemäß behandelte.«

Lie rät: »Sich nicht alles bieten zu lassen. Sich zur Wehr setzen heißt, handlungsfähig zu sein; dies macht uns stark und dadurch auch glücklich!!!« Als glückliche Bilanz nach dreißig Jahren registriert Lie: »Unser Sohn erwies sich später als der Lieblingsenkel meiner Schwiegermutter.«

Sich der eigenen Mutter zu widersetzen, ist für erwachsene Söhne meist ein Albtraum. Das Leben von Andreas, einem erfolgreichen Spitzenmann in der Wirtschaft, sollte durch die Selbsttötung seines fünfzehnjährigen Bruders verdüstert werden. Spät klärte er gegenüber seiner inzwischen verwitweten Mutter den Grundkonflikt. Er schildert ihn so: »In Memoriam Rainer – so sollte es nach dem Willen meiner Mutter auf dem Grabstein meines im vergangenen Jahr verstorbenen Vaters stehen, in Erinnerung an ihren erstgeborenen Sohn Rainer, meinem sieben Jahre älteren Bruder. Erschrocken bei dem Gedanken, dieses nun bei jedem Besuch meines Vaters am Grab lesen zu müssen, rief mir meine innere Stimme zu: ›Das musst Du verhindern! Das darf nicht passieren!‹ Zu sehr hatte der Suizid meines Bruders vor fast fünfzig Jahren mein Leben und das meiner Eltern geprägt. Mit Tag eins nach Rainers plötzlichem und unerwarteten Tod war unser Familienleben ein anderes. Mit acht Jahren wurde ich von einem Geschwisterkind zu einem Einzelkind, vom jüngeren Bruder im Windschatten des älteren Rainer zum schutzbedürftigen Hinterbliebenen. Ungehorsam sein, wie es gerade in der pubertären Phase von Heranwachsenden nicht ungewöhnlich ist, war keine Option mehr für mich. Rebellieren gegen die Eltern oder ihnen Sorge machen – das habe ich teils bewusst und teils unbewusst gelernt, zu vermeiden. Meine Mutter ist durch den Tod meines Bruders in ein ›tiefes Loch‹ gefallen. Mehrfach war sie in den ersten Jahren in psychiatrischen Kliniken, durchlief Psychotherapien und Rehabilitationen, um den Verlust ihres Kindes verarbeiten und wieder Mut fassen zu können, ihr Leben auch ohne meinen Bruder weiterzuleben. Sie hatte Schuldgefühle, für den Tod meines Bruders verantwortlich zu sein.«

Es dauerte Jahre, bis sich das Familienleben wieder halbwegs normalisierte. Andreas erfuhr viel Liebe von den Eltern. Als er sich mit siebenundzwanzig Jahren von seiner Freundin, einer großen und schwierigen Liebe, trennte und wie ein Hund litt, geriet er in eine fatale Situation: »Diesen Trennungsschmerz und meine Beweggründe zur Trennung wollte ich nicht mehr mit meinen Eltern, vor allem nicht mehr mit meiner Mutter, teilen. Ich schwieg und überwand meinen Schmerz ohne fürsorgliche Mitsprache meiner Mutter. Ich ließ sie im Ungewissen darüber, was zur Trennung von meiner Freundin führte und wie ich mir mein weiteres Leben vorstellte. Es war Ungehorsam gegenüber den Erwartungen meiner Mutter, den sie mit depressivem Verhalten, einer Opferhaltung mir gegenüber, erwiderte.«

Andreas schwor sich: »Ich werde mir nie wieder von meiner Mutter in Beziehungen reinreden lassen! Das war meine Erkenntnis aus der Beziehung zu meiner ersten Liebe in meinem Leben. Ich hatte verstanden, dass ich mich sehr stark von meiner Mutter im Umgang mit meiner Freundin hatte leiten lassen.« Dann fand er die Frau seines Lebens, eine junge Mutter mit ihrem eineinhalbjährigen Sohn: »Es dauerte nicht lang, und wir verliebten uns ineinander. Bewegte Wochen folgten, aber nach kurzer Zeit waren wir uns einig, wir wollen heiraten. Nur fünf Monate, nachdem wir uns kennenlernten, gaben wir uns das Ja-Wort. Seit dieser Zeit habe ich einen Menschen an meiner Seite, dem ich mein volles Vertrauen schenkte, mit dem ich meine Sorgen und mein Glück teile. So ist sie von Beginn unserer Beziehung an in allen Belangen meine erste Ansprechpartnerin. So auch, als ich noch kurz vor unserer Hochzeit beruflich in die USA unterwegs war und sie nach dortiger Ankunft sofort darüber informierte, dass ich gut angekommen sei. Meine Mutter, bis dahin oft eine erste Anlaufadresse für den Austausch meiner Erlebnisse und Sorgen, rief ich nicht mehr an. Sie war sehr enttäuscht darüber, dass ich mich nicht mehr bei ihr melde. Es muss sich für sie vermutlich wie eine ›Kündigung‹ angefühlt haben. Ihr Sohn hat jetzt eine ›Andere‹ und verlässt sie.

An ihr habe ich erneut produktiv Ungehorsam geübt, die Erwartung meiner Mutter, die Frau im Leben ihres Sohnes zu sein, nicht mehr erfüllt. Ich hatte mich entschieden, mein Leben auf meine kleine, neue Familie zu fokussieren und mich klar von meinen Eltern abzugrenzen. Das fiel besonders meiner Mutter schwer zu verstehen. Sie sah sich offensichtlich als Opfer, das nach dem Verlust ihres ersten Sohnes nun auch ihren zweiten Sohn verloren zu haben schien. Dabei habe ich nur nachgeholt, was ich in meiner Kindheit und Jugend nicht gelernt hatte: Abgrenzung von den Eltern, um den Weg für mein eigenverantwortliches und selbstbestimmtes Leben nach meinen Vorstellungen endgültig freizumachen.«

Andreas setzte sich auch durch, den Weihnachtsabend ohne die Mutter mit seiner Familie zu verbringen. Es gab Krach: »Da bin ich deutlich geworden und habe ihr meine Situation vor Augen geführt. Ich habe meinen Vater verloren, meine Mutter ihren Ehemann. Wir haben beide in diesem Jahr einen schmerzlichen Abschied nehmen müssen. Ich bin es leid, mir immer wieder anhören zu müssen, dass sie die Einzige sei, die Furchtbares erlitten hat und erwarten darf, dass ich nur auf ihre Bedürfnisse Rücksicht nehme. Ich holte weiter aus und kam auf den Tod meines Bruders zu sprechen. Jedes Jahr um den Todestag herum fielen meine Eltern, vor allem meine Mutter, in Depressionen. Aber sie sollte bedenken, dass ich auch einen leidvollen Verlust erlitten habe. Ich habe meinen Bruder verloren! Und das ist nicht alles. Zusätzlich habe ich meine Kindheit verloren, weil meine Eltern an dem Suizid meines Bruders fast zerbrochen wären.«

Inzwischen ist die Mutter bereit, Andreas bei seiner Aufarbeitung zu unterstützen: »So ist es zur Gewohnheit geworden, dass ich einmal in der Woche zu ihr zum Abendessen komme. Seit einigen Wochen benutzen wir diese Zeit auch, um meine Fragen zur Geschichte unserer Familie zu klären. Und ›in Memoriam Rainer‹ auf dem Grabstein meines Vaters wird es auch nicht geben. Meine Mutter hat jetzt verstanden, warum mir das wichtig ist. Wir haben uns darauf verständigt, dass sie ein kleines Steinkissen anfertigen lässt, auf dem an Rainer erinnert wird.« Bei Verfassung seiner Masterarbeit im Studium der Organisationswissenschaften ist Andreas auf ein hilfreiches Zitat in einem Lehrbuch gestoßen: »Wenn alle Mitarbeiter persönlich wahrnehmen, dass Veränderung notwendig ist, aber keiner dies thematisiert, wird es zu keiner Veränderung kommen.« Dies gilt auch für die Familie. Andreas: »Wir müssen einfach miteinander offen reden! Wir Menschen sind soziale Wesen, wir brauchen Kommunikation, um Einfluss auf unsere Umwelt zu nehmen und uns selbst weiterzuentwickeln.«

Auch Geschwister sind sich oft ein Problem. Ich habe dies in meinem Buch »Geschwister. Liebe – Hass – Annäherung« (emu-Verlag) so beschrieben: »Die Geschwisterbindung ist die längste Beziehung unseres Lebens. Sie ist nährend, schmerzhaft und voller Ambivalenzen. Geschwister sind das Medium unserer Menschwerdung. Sie sind unsere Begleiter, unsere Kritiker, unsere Fans und unsere Gegner. Es gibt auch vielfache Verletzungen in der Geschwisterschaft, die, welche uns von den Geschwistern als Kinder und im Erwachsenenalter zugefügt wurden, und die, welche *wir* als Kinder und als Erwachsene den Geschwistern zufügten«.

Das erlebte auch Anja, die Jüngste von drei Schwestern. Sie hatte einen autoritären Vater: »Als ich mit vierundzwanzig Jahren endlich in meine erste eigene Wohnung eingezogen bin, war es, als wäre ich aus dem Knast entlassen worden. Ich konnte nach Herzenslust ungehorsam sein und endlich alles tun und lassen, was ich bei meinen Eltern nicht durfte.« Den größten »Ungehorsam« leistete sich Anja vor acht Jahren gegenüber ihrer Schwester Ursula (Name geändert). Sie sollte sie und deren Mann an ihrem Wohnort in Sardinien besuchen. Es gab ein endloses Hickhack, ob sie dazu eine Billigairline oder einen Linienflug benutzen solle und wo sie auf der Insel schlafen würde: »Da sagte ich zu Ursula: ›Unter diesen Umständen komme ich nicht‹. Seitdem habe ich nichts mehr von beiden gehört. Ich wollte mich mit einundvierzig Jahren nicht mehr wie ein kleines Kind behandeln lassen. Es verstößt auch gegen meine Prinzipien. Ich will nicht diese ›Geiz-ist-geil‹-Mentalität unterstützen, indem ich einen Flug bei einer Billigairline buche. Ich hatte als Kind und Jugendliche auf vieles verzichtet. Die Schmerzgrenze war erreicht. Jetzt wollte ich endlich leben!

Deshalb bin ich auch in Therapie gegangen. In Therapie zu gehen ist auch so ein Ungehorsam. Das hätten meine Eltern nie verstanden oder sogar selbst getan. Es geht hier um mich und mein Leben. Eine Therapie hilft mir, mein Leben so zu leben, wie ich möchte, so wie es mir möglich ist, ohne ein schlechtes Gewissen.«

Anja war auch »ungehorsam«, indem sie sich kritisch mit der zweiten Schwester und der tragischen Geschichte ihrer Mutter auseinandersetzte. Resignation und Stillhalten bilden eine Sackgasse, erkennt sie: »Ich habe das an meiner Mutter gesehen, die ihren Schmerz mit Tabletten betäubt hat und dadurch schwer krank geworden ist. Oder meine Schwester Astrid (Name geändert), die das Gleiche macht, nur mit Alkohol und Fernsehen. Ich mache mir Sorgen, aber ich weiß, dass ich ihr nicht helfen kann, weil sie es nicht selbst will.« In einem Radiointerview mit dem Multimediakünstler, Chansonnier und Poeten André Heller hörte sie, er hätte von seinem Vater vor allem gelernt, wie er nicht werden möchte. Da hat sie richtig gehört.

Heller hat in einem Interview mit der Illustrierten STERN (50/2003) die Frau und den Mann als ein Laboratorium der Entwicklung definiert: »Man kommt nicht als fertiger Mensch, sondern als Entwurf zum Menschen auf die Welt. Man muss sich lernend verwandeln und darauf achten, dass man am Schluss nicht veruntreut hat, was in einem an Wunderbarem angelegt wurde.«

Das Nein in der Liebe

Die Tragik des »glücklichen Paares« besteht darin, dass dem Teufel, diesem »Neinsager von Anbeginn«, kein Wohnrecht und kein Platz am Herd zugebilligt wird. Daher ist nirgends der Teufel teuflischer als im glücklichen Paar. Wenn Streit, Kritik, Aggression als unpassend aus dem Leben eines Paares verbannt werden, wachsen die negativen Gefühle heimlich in jedem Partner an. Erst ihre Verheimlichung macht sie richtig böse und destruktiv.

Peter Schellenbaum
Das Nein in der Liebe (1984)

Die Liebe ist à la longue keine Idylle. Schon die Art, wie ein Partner isst, Zeitung liest, Auto fährt, sich durch die Fernsehprogramme zappt, die Küche putzt oder mit welch aufreizender Langsamkeit er Ordnung schafft, das alles und noch Unzähliges mehr kann uns zur Weißglut bringen. Wer möchte schon mit seinem Partner sein Leben in einer Einzelzelle verbringen! Es ist ein Mythos, den anderen im Dauereinsatz lieben zu wollen oder rund um die Uhr von ihm geliebt zu werden. Vergessen wir auch eines nicht: Es gibt Eigenschaften, die wir beim anderen nicht lieben, nie lieben werden. Wenn der Partner ehrlich ist, wird er das Gleiche auch uns gegenüber bestätigen.

Zweifellos ist das existenzielle Ja die Grundlage jeder anhaltenden Liebe. Sie drückt sich dem kleinen, anonymen mittelhochdeutschen Gedicht aus: »Du bist min, ich bin din, / des solt du gewis sin. / Du bist beslozzen in minem herzen, / verlorn ist das sluzzelin, / du muost immer dar inne sin.«

Wenn dieses große Ja in der Liebe fehlt, das spüre ich bitter in mancher Paartherapie, dann ist alle Mühe als psychologischer Makler umsonst. Es fehlt das Ergriffensein durch den anderen, die Anrührung, die fassungslose Dankbarkeit über die Begegnung mit dem anderen.

Wer umgekehrt zum Partner auch nicht einmal Nein sagen kann, der bringt auch kein richtiges Ja mehr zu ihm über die Lippen. Wenn ich mein Wesen nicht mehr von der Persönlichkeit des anderen abgrenzen kann, dann entsteht ein Mischmasch, ein Zerfließen, ein stumpfes Niemandsland. Peter Schellenbaum hat diese Dialektik in seinem wundervollen Buch »Das Nein in der Liebe« so beschrieben: »Das Bewusstsein der Fremdheit schafft die seelische Voraussetzung zur Liebe. Dies ist der Grund, warum die Liebe in vielen Ehen so schnell erstickt: Weil ihr der Sauerstoff der Freiheit, Autonomie, Ungewissheit und Einsamkeit ausgeht.«

Ob in der Lebensplanung oder in der Sexualität, das faire Aushandeln der Gemeinsamkeit ist unerlässlich. Eine Beziehung bleibt nur lebendig, wenn wir wagen, unser Nein einzubringen, und lernen, das Nein unseres Partners anzunehmen. Ohne Nein kein Ja.

Das hat Karin praktiziert: »Lange Zeit schon war unsere Ehe nur noch eine Farce. Fremdgehen (durch meinen Mann), Geldknappheit und Schulden waren an der Tagesordnung. Jedes geführte Gespräch über diese für mich unmögliche Situation war umsonst. Die Kinder und ich litten sehr darunter. Wochenlang wägte ich das Für und Wider ab, bis ich zu einem Entschluss kam. Für ihn kam das ›Aus‹ in der Ehe wie aus heiterem Himmel. Ich verlangte den sofortigen Auszug.« Nach großen Diskussionen tat der eheliche Fremdgänger dies widerwillig. Karin: »Hilfe hatte ich von seinem damals besten

Freund und dessen Frau. Beide sind heute meine allerbesten Freunde. Sie haben jeden Kontakt zu ihm abgebrochen – übrigens auch meine Kinder und ich. Ich weiß, dass dies die beste Entscheidung war, die ich entgegen aller Warnungen getroffen habe.«

Hat sie es jemals bereut? Nein. Karin: »Auch wenn die ersten Jahre nach der Trennung schlimm waren, habe ich mich wieder nach oben gekämpft. Mein neuer Partner hat mir hilfreich zur Seite gestanden. Wir führen bis heute eine glückliche und zufriedene Beziehung. Dank gehört hier auch meinen Eltern und meinen Kindern, die mir den Rücken gestärkt und mich in meiner Entscheidung unterstützt haben.« Eine Liebe, die keine mehr ist, schreit nach einem klaren Nein. Karin: »Ich rate jedem, sich der jeweiligen Situation zu stellen, auf sein Bauchgefühl zu hören und aus alten Verhaltensmustern auszubrechen. Es gibt für alles eine Lösung.«

Das Nein in der Liebe muss nicht ihr Ende sein. Sie kann Klärung und Neuanfang bedeuten. Mike erinnert sich: »Ich war in meinem Leben eigentlich niemals ungehorsam. Ich war schüchtern, teils verklemmt. Meine erste Beziehung war vorbei. Die Freundin hatte sich von mir getrennt. Ich war zwar verliebt gewesen, aber auch latent unzufrieden mit dem Sex, den wir gehabt hatten. Mein Hauptproblem bestand aber darin, dass ich nicht darüber sprechen konnte.« Bei seiner neuen Freundin wagte es der Schüchterne nach langer Zeit, mit ihr über seine sexuellen Wünsche, vor allem über Oralverkehr, zu sprechen. Das Ergebnis war phänomenal: »Ich hatte von diesem Moment an ein viel erfüllteres Sexualleben. Es fällt mir schwer einzuschätzen, was das mit mir gemacht hat. Ich würde aber schon sagen, dass es wichtig war in meiner Entwicklung. Das gab mir mehr Selbstvertrauen, nicht nur auf der sexuellen Ebene.«

Womit das Thema beim Namen genannt ist: Lädt ein Paar Gott Eros in die Hütte oder steht es mit ihm auf Kriegsfuß? Wie ein ehelicher Bombenkrach und die darauffolgende leidenschaftliche Klärung ein wahres Wunder bewirken kann, erlebte ich bei Maritta und Klaus. Die Sollbruchstelle knackte, als Maritta durch Zufall entdecken musste, dass ihr ach so braver Klaus seit fünf Jahren eine rattenscharfe Außenbeziehung mit einer Kollegin unterhielt. Maritta schmiss ihren Ehemann aus dem Haus. Sie war verzweifelt und dachte an Trennung. Klaus, der an Maritta und den Kindern, beide unter zehn Jahren, hing, weinte am laufenden Band. Er schwor Reue und Besserung. Er bewog Maritta, eine feuerspeiende Drachin, zur Paartherapie bei mir. Das rechnete ich ihm hoch an. Sehr oft ist es so, dass die Ehefrau den unwilligen Mann gleichsam mit dem Traktor zum Therapeuten schleppen muss.

Was war der Hintergrund dieser Affäre, die gewissermaßen Marathonausmaße besaß? Die Sexualität war dem Paar schon vor zehn Jahren abhandengekommen. Maritta litt unter Polyarthritis. Diese führte zu Berufsunfähigkeit. Sie hatte, wie sie behauptete, unheilbare Schmerzen beim Koitus. Auch der Gynäkologe vermochte ihr angeblich nicht zu helfen. Maritta lebte insgesamt nicht ihre Weiblichkeit. Sie hatte sich, wohl aus Frust, Übergewicht angegessen. Sie erschien zur ersten Sitzung mit zirkuszeltweitem Umhang. Klaus war über Jahre hinweg zum sexuellen Hungerkünstlerdasein verdammt – und holte sich schließlich die Lust außerhalb der ehelichen Mauern. Jetzt war von Schweigen keine Rede mehr. »Krise bricht Schweigen«, sagt das psychologische Sprichwort.

Zwar wirkte Klaus, ein schlanker und potenter Mann, geknickt und zerknirscht wie ein Ladendieb, aber er äußerte erstmals seine Wut. Er erklärte sich gegenüber Maritta mit den Worten: »Von dir bekam ich ja sexuell nichts mehr. Es war nicht auszuhalten. Da habe ich mir draußen Sex gesucht.« Der Diplombetriebswirt bagatellisierte seine sexuelle Dauereskapade allerdings mit zwei Mogelpackungen. Einmal: »Diese Frau hat mich richtig verführt.« Zum anderen: »Ich habe halt meine Sexualität outgesourct«. Das waren natürlich lausige Entlastungsargumente, die ich nicht gelten ließ. Ich persiflierte sein Verführungsargument vielmehr mit dem sarkastischen Satz: »Du armer kleiner Junge, hat Dir die böse Tante einfach die Hose heruntergezogen und ihn sich hineingesteckt!« Wir mussten alle drei lachen.

Maritta gab Klaus ebenso entschieden zurück: »Warum hast Du mir nichts über Deine Enttäuschung über meine sexuelle Abwehr gesagt? Es stimmt, ich habe Dich oft abgewehrt. Aber warum hast Du mir dann Deine Wut nicht zugemutet? Ich bin sicher, ich wäre aus meinem sexuellen Dornröschenschlaf aufgewacht. Ich will mich nicht mehr hinter meiner Krankheit verstecken.«

Maritta war ehrlich entrüstet: »Ich will einen starken Kerl. Ich will, dass du mir Kontra gibst und nicht deine Bedürfnisse nach außen trägst.«

Klaus und Maritta formulierten ein Nein gegen das Versteckspiel in ihrer bisherigen Beziehung. In der Therapie mussten sie die Giftmülldeponie unter ihrer brachliegenden Sexualität orten und entsorgen. Der aggressionsgehemmte Klaus durfte endlich lernen, zu seinen erotischen Bedürfnissen in der Beziehung zu stehen. Er übte, Schritt für Schritt, die Mutprobe, seiner Frau die Stirn zu bieten und ein Ritter mit dem Schwert zu werden, anstatt sich wie ein kleiner Junge hinter Mamis Rücken zu einer anderen Frau zu schleichen.

Maritta wiederum hatte als Tochter eines Alkoholikers, wie sich nun herausstellte, ein verheerend negatives Männerbild und durch eine rigide mütterliche Sexualerziehung (»Halte Dich fern von den Männern«, »Die Männer wollen nur Sex, die Frauen müssen es dann ausbaden«) Angst vor der Geschlechtlichkeit. »Ich habe«, so bekannte sie in der Paarberatung freimütig, »oft meine Polyarthritis benutzt, um mich der Sexualität mit Dir zu entziehen«.

Die Wahrheit, so unbequem und hart sie sein

mag, macht frei. Maritta und Klaus erkannten, dass beide in das Drama der Außenbeziehung verwickelt waren. Sie entdeckten ihre Defizite und Entwicklungsaufgaben als Frau und als Mann. Sie weinten und wüteten. Sie begannen, aus der Tiefe miteinander zu reden. Auf sie traf das Wort der amerikanischen Psychologin Harriett Lerner zu, die in ihrem Buch »Magie der Worte. Vom gegenseitigen Schweigen zum miteinander Reden« (1996) sagt: »Unsere Gespräche erschaffen uns. Durch unser Reden oder unser Schweigen kann unser Selbst größer oder kleiner werden. Durch unser Reden oder durch unser Schweigen setzen wir einen anderen Menschen herab oder bringen ihn weiter, und wir verengen oder erweitern die Möglichkeiten zwischen uns.« Maritta, inzwischen deutlich abgeschlankt mit modischem Outfit, formulierte es prosaischer: »Wir sind wieder wie in den Flitterwochen heiß aufeinander.« Sie hatte inzwischen viel aus ihrer Lektüre von Harriet Lerners Buch »Wohin mit meiner Wut? Neue Beziehungsmuster für Frauen« (1987) gelernt.

Die Liebesarbeit bedeutet, wie wir am Anfang dieses Kapitels bei Karin gesehen haben, auch den Mut, sich definitiv zu entlieben. Daniela suchte immer die Liebe. Ihre Eltern ließen sich scheiden, als sie ein Jahr alt war. Die Mutter wollte Daniela und ihren kleinen Bruder Rudolf nicht. Sie haute ab und ließ den Vater mit den Kleinen allein. Sie selbst war achtundzwanzig Jahre alt, berufstätig und mit der familiären Situation überlastet. Daniela und Rudolf kamen ins Kinderheim. Das war ein Horror: »Ich krabbelte auf allen vieren, sprach sehr schlecht und war bissig. Ich soll wohl jeden gebissen haben, der mir zu nahe kam. Mein Bruder hatte einen Helm auf, weil er immer wieder mit dem Kopf gegen eine Wand gelaufen ist.« Das ist eine psychotische Reaktion wie Danielas Beißwut im Zeichen des Hospitalismus, der seelischen Verwahrlosung.

Zuhause zurückgekehrt, waren die Kinder mit einem achtzehnjährigen Mädchen konfrontiert: der Stiefmutter Monika. Sie war ein Satan: »Manchmal schlug sie mich einfach nur, weil der Wäscheeimer mit der nassen Wäsche tropfte, und einige Tropfen auf den Teppich fielen. Sie setzte ihre großen Fingerringe auf, drehte die Köpfe in die Handflächen und schlug und schlug. Einen Satz kann ich bis heute nicht vergessen. Sie sagte zu mir: ›Du bist das Letzte, das

Allerletzte, Du bist der Dreck unter meinen Füßen.‹ Ich war sieben Jahre, und das letzte Mal, als sie es sagte, war ich zweiunddreißig Jahre alt.« Der Vater war der Sadistin ebenbürtig. Eine schauerliche Episode illustriert dies: »Er nahm mit der rechten Hand aus dem offenen Hängeschrank einen riesigen Stapel Mittagsteller (mein Vater hatte Hände so groß wie eine Pfanne), das waren wenigstens fünf Teller, und zerschlug sie Rudolf auf dem Kopf.«

Das Elend nahm kein Ende. Daniela verkümmerte: »Ich lernte zu funktionieren. Zwischen meinem sechsten und siebten Lebensjahr begann durch meinen Onkel und durch meinen Opa ein sexueller Missbrauch, erzwungen durch die Androhung, wenn ich redete, müsste ich zurück ins Heim. Ich wusste damals nicht, was mir eigentlich mehr wehtat, mein Körper oder meine Seele.«

Mit siebzehn gab Daniela ihre Hoffnung auf elterliche Liebe auf. Sie zog aus und lebte auf der Straße. Mit zwanzig Jahren hatten beide Geschwister endlich eine eigene Wohnung. Rudolf schaffte das Abitur und ein Chemiestudium. Daniela fand die Liebe wie einen Goldklumpen: »Mit fünfundzwanzig Jahren habe ich nach vielen Höhen und Tiefen meinen Sohn bekommen. Er ist das schönste Geschenk, das Gott mir gegeben hat.« Und: »Mit neunundzwanzig Jahren habe ich eine Lehrstelle zur Tischlerin bekommen.« Sie hat sie erfolgreich absolviert und ist mittlerweile mit einer eigenen Tischlerei selbstständig. Bruder Rudolf hat ihr zwei Jahre lang dreimal wöchentlich Mathematik-Nachhilfeunterricht für die Ausbildung gegeben. Als Kind war sie seine Beschützerin, nun erwies er sich als eine unerschütterliche Liebe in ihrem Leben: »Er hat mich in meinem Herzen und in meiner Seele bestätigt. Die Liebe kann alles und heilt alles.«

Inzwischen hat sie ihren inneren Frieden und die Liebe zu einer wunderbaren Frau gefunden: »Ich habe all den Menschen, die mich geschlagen, gedemütigt, sexuell über Jahre missbraucht, belogen und betrogen haben, verziehen.« Es ist nicht nur bei einem Kind geblieben. Daniela hat sich reich beschenkt: »Ich habe ein so gelebtes, schönes, wunderbares Leben mit den Kindern und meiner Frau in unserem alten Haus. Ich bin stolz darauf. Ich habe überlebt. Ich bin heute eine starke, selbstbewusste und glückliche Frau.«

Gerade in der Liebe dürfen wir unseren Eigen-Sinn nicht unterdrücken. Liebe ist, wie der Dramatiker Bert Brecht einmal formulierte, »eine Produktion«. Tatsächlich muss eine jahrelange Paarevolution immer wieder neu erarbeitet werden. Das ist der konfliktreiche, mutige Weg von Paaren. Wir müssen uns auf das Abenteuer der Fremdheit, der Missverständnisse, des Neuaufbruchs und der Suchbewegung einlassen.

Der Schweizer Schriftsteller Max Frisch (1911–1991) konstatiert in seinem Debütroman »Stiller«: »In dem Augenblick, wo zwei Partner glauben, einander sicher zu sein, haben sie sich meistens schon verloren.« Einzig die Liebe mit ihrem Ja und Nein ist es, die uns einander finden lässt.

Der Ehemann hielt Lilly wohl für seinen Besitz. Über zwei Jahrzehnte unterwarf sie sich dieser Fron. Dann wachte sie auf. »Mädels«, schreibt sie, »wir sind zu gehorsam. Wir haben von Grund auf eine gute Intuition und sind mit der Mutter Erde verbunden. Wir haben es verlernt, und/oder es wurde uns aberzogen, auf unser inneres Gefühl zu hören und ihm vor allem auch zu vertrauen.« Ihre größte Herausforderung wurde es, ihrem Mann nach 23 Jahren liebesarmer Ehe zu sagen, »Nein, ich höre Dir nicht mehr zu, und vor allen Dingen werde ich nicht mehr gehorchen«.

Was gab Lilly die Einsicht dazu? Es war ein einschneidendes Erlebnis: »Es wurde mir klar in den letzten Stunden, die ich mit meiner Mutter verbringen durfte, bevor sie in die Ewigkeit gegangen ist. Es wurde mir bewusst, dass ich jetzt, so in diesem Moment, nicht bereit wäre, gehen zu können. Es waren noch zu viele unerledigte Dinge, die ich selbst unbedingt vor meinem Ableben noch erledigen musste. Ich lebte nicht mein Leben. Ich lebte das eines anderen, oder besser gesagt, was von mir erwartet worden war, was mir übergestülpt wurde. Woher hätte ich mein Selbstbewusstsein nehmen sollen, wenn mein Mann mir einhämmerte, ›Alles, was Du bist, bist Du durch MICH!‹ Ich war finanziell komplett abhängig, ohne jegliche Absicherung.«

In dieser Situation schlug die gläubige Lilly die Bibel auf und fand – wohl mehr als ein Zufall – in Sprüche 17:1 den Satz: »Lieber in Ruhe und Frieden ein Stück trockenes Brot essen, als ein Festmahl mit Zank und Streit.« Sie erkannte die Crux ihres luxuriösen Lebens: »Dies war genau mein Leben. Kaviar und Champagner immer mit Streit und Unfrieden.«

»Eher geht ein Kamel durch ein Nadelöhr«, zitiert Lilly die Synoptiker des Neuen Testamentes, »als dass ein Reicher in das Reich Gottes gelangt«. Das sagt sich so leicht. Lilly: »Egal, wie viel man hat, die irdische finanzielle Sicherheit aufzugeben, war nicht einfach, aber es war es wert.« Ihr Ungehorsam erwies sich als befreiend. Inzwischen ist Lilly nämlich wieder das, was sie als junge Frau bereits war: eine wagemutige Unternehmerin. Sie hat auch die Liebe ihres Lebens gefunden. Vertrauen in sich selbst – das ist ihre Botschaft an alle »Mädels«, besonders an ihr liebstes Mädel, die heranwachsende Tochter.

Diesen eigen-sinnigen Mut zum schweren Leben beschwört auch die Wiener Schauspielerin, Sängerin und Schriftstellerin Erika Pluhar in ihrem wilden Poem »Trotzdem«. Sie schrieb es 1989 in dem Buch »Literarische Auslese« (Radius-Verlag) »für Anna, meine 18jährige Tochter«:

Schau dir das hingespuckte Stück Leben an
vom Geborenwerden bis hin zum Tod
wie das nur wehtut und uns quält

und so müde macht die Suche nach dem Glück
Trotzdem kämpfen wir
trotzdem glauben wir
trotzdem lieben wir …
trotzdem!

Schau dir all die verbrauchten Gesichter an
die sich selbst verloren haben vor der Zeit
wie man sie gebrochen hat mit System
und weil die Angst so sehr gefügig macht
Trotzdem kämpfen wir
trotzdem glauben wir
trotzdem lieben wir …
trotzdem!

Schau dir die Welt und ihre Kriege an
das endlose Morden, die Zerstörungen ohne Sinn
und wie man unseren Stern verdirbt und langsam schleift
nur weil das Geld die Welt regiert
Trotzdem kämpfen wir
trotzdem glauben wir
trotzdem lieben wir …
trotzdem!

Schau dir den Baum vor deinem Fenster
an
seine Blätter im Regen, seine Blätter im
Licht
wie er sich aufrecht hält wie ein Wort
und nicht schweigen will, bis man ihn fällt
Trotzdem kämpfen wir
trotzdem glauben wir
trotzdem lieben wir …
trotzdem!

Beruf oder Berufung?

Gauguin wusste mit einem Mal, dass er kein Bankangestellter war; er war ein Maler. Und so verließ er das Geldinstitut. Ich finde, wir haben Recht, den Kurs zu ändern.

Anaïs Nin (1903 – 1977)
Absage an die Verzweiflung

Die Frage stellt sich für jeden von uns: Ist mein Beruf auch meine Berufung? Falls ja, bin ich reich; falls nein, stecke ich in einem Mangel. Es muss ja nicht gleich, wie in der katholischen Kirche, die »Berufung zur Heiligkeit« sein, die dem Laien kraft Taufe und Firmung möglich ist. Es genügt, mit Friedrich Schiller sich den Unterschied zwischen »Brotgelehrten«, die nur für den Arbeitsmarkt dienen, und »philosophischen Köpfen« deutlich zu machen. Als stürmisch umjubelter Geschichtsprofessor in Jena meinte er 1789: »Beklagenswerter Mensch, der mit dem edelsten aller Werkzeuge, mit Wissenschaft und Kunst nichts Höheres will und ausrichtet als der Taglöhner mit dem Schlechtesten!

Der im Reiche der vollkommenen Freiheit eine Sklavenseele mit sich rumträgt.«

Das ist steil formuliert, aber im Kern richtig. Mit der Berufswahl, dem ersten Praktikum, dem Beginn der Lehre oder mit dem Antritt des Studiums macht das Ich gleichsam einen Sprung. Das Ich muss sich entscheiden, was es in seiner spezifischen Prägung werden will. Ein geliebter Beruf ist das Rückgrat des Lebens. Im Idealfall sollte der Beruf zugleich *Berufung* sein und unserem innersten Wesen entsprechen.

Nicht selten benötigt das jugendliche Ich eine wahre Odyssee, um zu diesem Ziel zu kommen. Der amerikanische Schauspieler George Clooney gab im »Süddeutsche Zeitung Magazin« (23.12.2020) dafür ein Beispiel: »Als ich zwanzig Jahre alt war, lebte ich in Kentucky. Ich habe Tabak geerntet für meinen Lebensunterhalt, drei Dollar pro Stunde. Mal war ich auf dem College, mal nicht, es lief nicht so gut für mich. Dann beschloss ich, nach Kalifornien zu gehen, um Schauspieler zu werden. Mein Vater meinte, ›Mach das nicht, das kann nichts werden, die Chancen stehen 1 : 1 000 000‹. Und ich habe gesagt: ›Papa, ich will nicht mit fünfundsechzig Jahren dastehen und sagen, Mist, hätte ich es nicht wenigstens versucht.‹« Es hätte natürlich leicht auch schiefgehen können. George Clooney: »Das ist genau der Punkt. Ich war immer bereit zu scheitern. Ich war bereit, nach Hause zurückzukommen und Versicherungen zu verkaufen, oder was auch immer ich dann gemacht hätte. Aber ich wollte es nicht *nicht* versuchen. Ich glaube bis heute, man kann eigentlich nur scheitern, wenn man etwas nicht versucht. Das ist der einzige Misserfolg, den es gibt.«

Man muss ja nicht gleich ein weltbekannter Schauspieler sein, um diesen Mut aufzubringen. »Lehrjahre sind keine Herrenjahre«, heißt es. Aber Ina stellte sich gegen diesen Fatalismus. Ihr Chef, ein Zahnarzt, war okay. Er hatte aber als Frau eine herrschsüchtige Ärztin, »die es sich zur Aufgabe machte, alles daranzusetzen, dass niemand dort Spaß zu haben hatte. Das haben nur die wenigsten lange bei ihr ausgehalten.« Sie schikanierte auch Ina, die Auszubildende: »Oft ging ich mit Unwohlsein zur Arbeit und auch wieder weg. Erst nachdem noch eine Situation auftrat, in der die Chefin mir gegenüber sehr persönlich wurde, habe ich, gegen den Rat meines Vaters, bei einer Nacht-und-Nebel-Aktion im Bett meine Kündigung geschrieben. Am nächsten Tag habe ich all meinen Mut zusammengenommen, meine Kündigung den Chefs vorgelegt und bin gegangen. Erst wollte man mir eine Kündigungsfrist aufschwatzen, der ich aber durch gute Kommunikation entkommen konnte, da ich noch in der Probezeit war und fristlos kündigen konnte. Heute ist Ina nach einer glänzenden Ausbildung als Krankenschwester selbst eine kompetente Ausbilderin und Dozentin der jungen Kolleginnen und Kollegen. Ihre Maxime äußert sie auf Plattdeutsch: »Mook wat du wullt, de Lüüd schnackt doch. Mach was Du willst, die Leute reden sowieso.«

Ebenso kämpfte sich Monika, auch wie Ina aus Niedersachsen, nach oben: »Ich war eine von der Familie nicht gesehene Tochter. Das Gefühl, nicht wahrgenommen zu werden, war für mich wie ein Phantomschmerz. Mich gab es nicht. Wer mir begegnete, fragte gleich nach den anderen Familienmitgliedern. Ich, als Monika, interessierte niemanden.« Ihr Weg war steinig: »Die Schule absolvierte ich mit meiner damaligen Freundin als Klassenbeste. Der Lehrer kam zu uns nach Hause und empfahl die Aufnahme in das Gymnasium. Das wurde mir aber verweigert. Ich sollte zur Post gehen und Beamtin werden.

Der Beamtenstatus war mir nach vier Jahren sicher. Die Büroarbeit, damals schon Großraumbüro mit Computer, war für mich aber eine Qual. Ich hatte zu der Zeit häufig einen Traum: Ich sitze in einem Zug, der verunglückt, und wache im Krankenhaus wieder auf. Meine Eltern sind glücklich, dass ich überlebt habe, und sagen: ›Du hast einen Wunsch frei‹. Und mein Wunsch war: Aufhören beim Postscheckamt.«

Studieren war ein Fremdwort für ihre Eltern. Der Beruf der Arzthelferin stand im Raum. Nach abgeschlossener Ausbildung ging sie ins Krankenhaus und wurde Krankenschwester. Sämtliche Prüfungen bestand sie mit »sehr gut«. Dann nahm Monika ihr nächstes Ziel ins Auge: Abitur machen und Lehrerin werden. Sie machte ihr Fachabitur in Hamburg nach und studierte. Geld verdiente sie im Nachtdienst in einer Privatklinik. In dieser Zeit wurde sie schwanger: »Meine Schwangerschaft verschwieg ich aber, denn sonst hätte ich den Nachtdienst nicht machen dürfen. Dann arbeitete ich sechzehn Jahre im Schuldienst und bildete Krankenschwestern, Stationsleitungen und Mentoren aus. Nebenbei arbeitete ich als Dozentin bei der Volkshochschule und beim Roten Kreuz.«

Monika ging ab wie eine Rakete: »Dann habe ich einen Kaltstart aus der Hocke gewagt. Ich habe mich selbstständig gemacht. Ich bin damit auch erfolgreich geworden. Das gab mir wieder das Gefühl der Sicherheit, gesehen und gehört zu werden. Ich gab meinen Job als Schulleiterin auf, gründete und managte vier Unternehmen zwanzig Jahre. In diesen aktiven Jahren habe ich eine psychische Robustheit entwickelt. Meine Kinder und mein Ehemann gaben mir die Kraft und den Enthusiasmus, dies alles und eine Familie mit fünf Kindern zu schaffen.«

Das begriffene Ich, das gelebte und sich immer wieder neu »in das Leben entwerfende Selbst« (Sartre) ist der Kompass des Menschlichen. Fremdbestimmung ist der Untergang der Individualität. Nicht immer stößt das weibliche Ich wie bei Monika auf die Unterstützung von Mann und Kindern. Das musste Renate (Name geändert) erleben. Sie war zweiundfünfzig Jahre alt und Gattin eines erfolgreichen Internisten. Renate gestand mir weinend: »Ich bin die beste Mitarbeiterin meines Mannes und schmeiße den Laden vom Labor bis zur Steuer. Er ist sehr zufrieden, denn er kennt außer seiner Arbeit nichts. Aber ich habe mein Leben versäumt. Ich bin ausgebildete Kirchenmusikerin und habe an der Meisterklasse einer Kunstakademie studiert. Kannst Du Dir vorstellen, dass ich die letzten zwanzig Jahre nicht ein einziges Bild gemalt habe und nie wieder am Orgeltisch gesessen bin?« Und: »Geld alleine macht nicht glücklich. Ich habe meine künstlerischen Fähigkeiten nicht ausgeübt und nicht entwickelt. Ich bin stehengeblieben. Mein Mann sagt immer: ›Du kannst doch neben der Praxis alles tun, was Du willst, ich hindere Dich daran nicht.‹ Aber neben der Praxis gibt es praktisch weder Raum noch Zeit für mich. Das ist ja das Elend.«

Als sich Renate am Ende der Therapie bei mir dazu entschloss, die Praxis des Mannes zu verlassen, um ihre Musikkenntnisse im Kirchendienst wieder aufzufrischen und einen späten malerischen Neuanfang vorzubereiten, kam es zur größten Krise in der sonst so gusseisernen Ehe mit drei Kindern. Der erzürnte Arzt sagte nämlich wörtlich zu Renate: »Wenn Du einen Liebhaber genommen hättest, wäre es mir lieber gewesen. Du hast mein Vertrauen grenzenlos enttäuscht. Das hätte ich Dir nie zugetraut.«

Doch Renate ließ sich nicht beirren. Sie wurde künstlerisch tätig. Sie wies ihren Dr. med.

Blaubart in seine Grenzen, und, o Wunder, er wandelte sich. Am Ende freute er sich an seiner erfolgreichen und schöpferischen Frau. Halten nicht viele Männer den Eigen-Sinn ihrer Frau, wie es Hesse meint, für eine »bedauerliche Unart«? Wie gut, dass Renate »unartig« wurde!

Eberhard wiederum musste einen wahren Hürdenlauf absolvieren, um zu seinem selbst gesteckten Ziel, seiner Berufung, zu kommen: »Es begann mit einem Stabilbaukasten, den mir meine Schwester, als ich sechs Jahre alt war, schenkte. Ich wollte Konstrukteur und Erfinder werden, Maschinen bauen.« Eberhard schloss die 10. Klasse als Bester der Schule ab. Er bekam das Angebot, eine Berufsausbildung mit Abitur zu machen. Er lebte in der DDR. Bei dieser Ausbildung war er einer der Besten: »Ein Fachlehrer wies mich darauf hin, dass man an der Technischen Hochschule in Magdeburg Konstruktion/Maschinenbau studieren kann. Das war meine Chance. Davor stand allerdings noch der Dienst in der Nationalen Volksarmee (NVA).« Das kostete ihn drei Jahre. Als endlich die Studienzulassung kam, qualifizierte sie ihn nicht für Konstruktion/Maschinenbau, sondern für Apparate der Stoffumwandlung, also der Chemie. Eberhard begann zu studieren, musste wegen einer Bandscheibenoperation aussetzen, heiratete. Seine Frau fragte ihn in der Zeit der Krankheit, ob er denn unbedingt studieren müsse: »Ich könne doch auch in ihrer Firma im Lager arbeiten. Aber ich wollte Konstrukteur werden.« Er schloss sein Studium zum Dipl. Ing. als einer der Besten seiner Seminargruppe ab und war mit neunundzwanzig Jahren Konstrukteur: »Ich hatte mit meiner Diplomarbeit mein erstes Patent als Erfinder angemeldet. Weitere zwei Patente in Gemeinschaft folgten. Die Patente waren zwar kein wirtschaftlicher Erfolg für mich, aber es stärkte mein Selbstbewusstsein ungemein. Ich wurde vier Jahre Konstrukteur und Entwicklungstechnologe. Eine schöne Zeit. Mein Traum wurde wahr. Ich war kreativ tätig.

Dann kam die Wende. Ich hatte ein Angebot, im Sauerland als Konstrukteur zu arbeiten. DDR-Ingenieure waren begehrt – gute Ausbildung und geringe Gehaltsforderungen, aus Unwissenheit. Meine Frau wollte aber nicht umziehen. Es blieb nur die Alternative Selbstständigkeit. Ich gründete ein Ingenieurbüro. Wenn ich nächstes Jahr nach 29 Jahren mein Ingenieurbüro schließe und in Rente gehe, kann ich zufrieden zurückblicken und sagen, ›ich habe meinen Traum gelebt‹. Ich konnte viele Projekte in verschiedenen Bereichen der Wirtschaft im Inland wie auch im Ausland mit meinen Ideen begleiten.« Der Wermutstropfen in diesem arbeitsamen Leben: »Allerdings hatten dieser Eigensinn und mein Ehrgeiz ihren Preis: Zwei Bandscheibenoperationen und mehrere Prolapse und damit einen kaputten Rücken zum Zeichen, wie ich es innerlich verarbeitet habe.«

Männer zahlen für ihren schöpferischen Ehrgeiz oft auch einen hohen Preis. Wolfgang besuchte das Abendgymnasium in Flensburg und Kaiserslautern, später zwei Jahre die Tourismusfachschule in Rodalben: »Ich wurde richtig bildungshungrig, so dass ich schließlich 1997 mit meinem Realschulabschluss ein englischsprachiges Betriebswirtschaftsstudium in Stralsund beginnen konnte.« Er beendete sein Studium mit gutem Erfolg: »Als mir neben der Diplomurkunde der Fachhochschule noch ein Abiturzeugnis vom Land Mecklenburg-Vorpommern überreicht wurde, war mir bewusst, dass uns nur das eigene Denken Grenzen zu setzen vermag.«

Wolfgang wurde Projektleiter in Flensburg

für Arbeitsplatzvermittlung: »Die Pläne, die ich fünf Jahre zuvor für meine berufliche Entwicklung aufgezeichnet hatte, gingen komplett in Erfüllung. Mein neues Arbeitsumfeld motivierte mich wieder, zirka fünfzig bis sechzig Stunden wöchentlich zu arbeiten. Niemand verlangte es von mir, doch ich erledigte noch viele Zusatzaufgaben für meinen Arbeitgeber, wie zum Beispiel die Entwicklung von Seminaren und Mitarbeit in weiteren Projekten. Durch diese zusätzliche Tätigkeit lernte ich das Unternehmen gut kennen, doch merkte ich gar nicht, wie mein Privatleben viel zu kurz kam. Meine Partnerin Bente wies mich immer wieder auf diese Schieflage hin, ohne mein Gehör zu finden.

Meine Gedanken drehten sich zu achtzig Prozent um meine Arbeit. Für unsere Beziehung war das damals eine gefährliche Mischung an geistiger Abwesenheit wegen meiner vielen Arbeit und Unsicherheit in Bezug auf die Zukunft unserer Partnerschaft.« Innerhalb von dreieinhalb Jahren schaffte Wolfgang die Karriere vom Praktikanten zum Niederlassungsleiter: »Eine der größten Herausforderungen meines Lebens stand mir nun bevor, denn plötzlich hatte ich die Verantwortung für 45 Mitarbeiter und ein unübersehbares Produktangebot – vom Bau einer Windenergieanlage als Übungsturm für Abseilübungen bis zur Entwicklung von Lehrgängen für arbeitslose Jugendliche. Oft ging ich um 6.30 Uhr aus der Wohnung, um zum Schlafen wieder nach Hause zu kommen. Zwischendrin war ich bis zu tausend Kilometer pro Woche unterwegs. Die Arbeit war unendlich, bis zu siebzig Stunden pro Woche. Meine Gedanken waren nun zu hundert Prozent bei der Arbeit. Nachts lag ich oft schweißgebadet im Bett.«

Viele Manager, sagt er, werden durch den Druck in solchen Situationen chronischer Überforderung krank. Mit Rauchen und Kaffee ist andauernder Stress auf lange Sicht nicht durchzustehen: »Glücklicherweise bin ich mit einer Gesundheitsberaterin GGB verheiratet. Mit selbst gebackenem Vollkornbrot aus selbst gemahlenem Getreide und vitalstoffreicher Vollwertkost bin ich immer fit geblieben. Mit meiner Frau sprach ich viel über meine beruflichen Probleme. Viele Menschen aus unserer Kirchengemeinde haben in dieser schweren Zeit für mich gebetet. Unser Eheleben litt. Sex und Zärtlichkeit wurden seltener. Unsere Kommunikation verminderte sich, weil ich zu Hause einfach nur meine Ruhe haben wollte. Schließlich erklärte ich mich bereit, an einem christlichen Eheseminar teilzunehmen. Dort tauchte die Frage auf, was eine Frau mit einem Mann anfangen soll, der nie zu Hause ist.«

Dann wurde über Wolfgang von oben entschieden: »Als ich unseren Postkasten öffnete, flatterte mir eine Abmahnung meiner Firma entgegen. Bei einer Stundenbelastung von inzwischen 70 Stunden pro Woche, wirkte das wie ein Dolchstoß in den Rücken. Kurz darauf kam es zu Problemen mit Kooperationspartnern, und ich erhielt, wieder ohne Vorankündigung, eine zweite Abmahnung. Nun war das Maß voll. Mit mir nahestehenden Personen führte ich viele Gespräche zu meiner Situation. Nach diesen Gesprächen stand das Ergebnis fest: Ich werde meinen Job kündigen.«

Wolfgang schrieb seine persönlichen Werte auf. Er stellte sich vor, was er am Ende seines Lebens erreicht haben möchte: »Hier wurde mir schnell klar, dass ich nicht als ›Workaholic‹ enden möchte.« Wolfgang fand eine dänische Firma mit gutem Betriebsklima. Damit hatte er einen Sechser im Lotto gezogen: »Zwei Monate nach meiner Einstellung in der neuen Firma bekam ich zum Geburtstag zwei wunderschöne, teure Liegestühle geschenkt. Und weitere vier Monate später wurde ich wieder zum Niederlassungsleiter befördert. Zu meinem Arbeitsplatz fahre ich jetzt mit dem Fahrrad nur noch zehn Minuten, statt vorher fünfundvierzig Minuten mit dem Auto. So habe ich meine Berufung gefunden. Ich wurde nicht wie mein Vater Obst- und Gemüsehändler.«

Die Berufung darf nicht in Selbstausbeutung enden. Wolfgang ist letztlich kein Arbeitssüchtiger geworden. Der Dichter Joachim Ringelnatz (1883–1934) hat davor in einem Sechszeiler gewarnt:

Du weißt nicht mehr, wie Blumen duften,
kennst nur die Arbeit und das Schuften –
... so gehn sie hin, die schönsten Jahre,
am Ende liegst Du auf der Bahre,
und hinter Dir, da grinst der Tod:
Kaputtgerackert – Vollidiot!

Mein eigenes Gottesbild

Alte Kirchen haben dunkle Fenster.

Deutsches Sprichwort

Die knappste Rückmeldung für mein Buch bekam ich von Dorothea. Das ist ihr wirklicher Name. Dieser Name ist nicht ohne Bedeutung. Er leitet sich von den altgriechischen Wörtern *doron* und *theou* ab, das bedeutet *Geschenk Gottes*. Denn Dorothea war Nonne in einem Kloster strenger Observanz gewesen, in das sie, wie sie schrieb, ihre »brennende Liebe zu Gott« geführt hatte. Nach vierzehn Jahren trat sie aus dem Kloster aus. Ihre lapidare Begründung lautet: »Ich kam weder in der Religion meiner Oberen noch im Beichtstuhl vor. Je mehr ich kritische Fragen stellte, desto mehr schwanden Empathie und Wertschätzung für mich. Stattdessen erfror ich in einem Klima der Kälte und Abweisung.«

Das in die kindliche Seele implantierte autoritäre Gottesbild und die Drohbotschaft machten auch Elisabeth (Name geändert) zu schaffen. Die heute Siebzigjährige erinnert sich: »Gesetze waren die kirchlichen Gebote, vertreten durch Urgroßeltern, Großeltern und Eltern. Die Rechtfertigung für alle ihre Ansagen waren hierin begründet. Um die Überwachung perfekt zu machen gab es die Mahnung: ›Der liebe Gott sieht alles‹ und damit keine Chance auch nur für einen Funken Individualität. Es gab nur die Möglichkeit, Gehorsamkeit bis zur Unkenntlichkeit, oder es warteten Strafen. Wie beim Kirchenbesuch: Hier musste ich mich auch zuerst in den Staub werfen und meine Schuld bekennen. Von einem guten, barmherzigen Gott war zwar zu hören, erfahren habe ich Güte und Barmherzigkeit nie. Reglementierung, Schuld und Strafen, das war das Umfeld – Familie und Gesellschaft waren nahezu deckungsgleich. Ungehorsam bedeutete, dass ich in die Hölle komme.«

Mit 37 Jahren schaffte Elisabeth es, »endlich«, wie sie schreibt, aus der katholischen Kirche auszutreten: »Nicht, ohne vorher einige Gesprächstermine mit unserem Pfarrer zu haben. Er kannte mich schon seit der Schulzeit, als Religionslehrer am Gymnasium. Der Pfarrer wurde von Gespräch zu Gespräch ungehaltener, aggressiver. Als ich ihm am Ende dann meinen Entschluss mitteilte und meinen Austritt unterschreiben wollte, kam sein letzter Trumpf: ›Und was machst Du, wenn Du stirbst?‹ Sprich, die Hölle ist Dir sicher. Es hat Jahre gedauert, bis mich das Gefühl, dass ich mit Sicherheit in die Hölle komme, nicht mehr begleitet hat. Vielleicht zehn Jahre später war ich so weit, dass ich völlig entspannt mit kirchlichen Themen umgehen konnte.«

Der zweite Schritt »des Ungehorsams gegen Gottes Gebote«, so Elisabeth, war die Lösung ihrer Ehe. Was war passiert? Elisabeth: »Ab meinem 28. Lebensjahr war ich in ärztlicher Behandlung, weil ich mich ständig kraftlos fühlte. Meine beiden Kinder waren sechs und drei Jahre alt. Diese Odyssee von Arzt zu Arzt dauerte fast zehn Jahre. Ich fühlte mich wie ein Hypochonder, weil alle ›Werte‹ immer gut waren. Ein Internist sagte mir schließlich nach diversen Untersuchungen: ›Sie sind kerngesund, Ihre Seele ist krank. Das ist nicht mein Metier, Sie brauchen dringend eine psychotherapeutische Behandlung.‹ Das war ein Wort. Ich war also doch keine Simulantin, keine eingebildete Kranke.« Die Analyse verbesserte Elisabeths Zustand jedoch nicht wirklich.

Während der Zeit mit ihrem ersten Mann

traf Elisabeth einen Mann, den sie als Vierzehnjährige im Schullandheim kennengelernt hatte und in den sie sich verliebt hatte: »Er lebte 450 Kilometer entfernt. Ich sah ihn in den 1960er Jahren. Es gab keine Chance, ihn je wiederzusehen. Wir haben uns dann vierundzwanzig Jahre nicht gesehen, hatten über zwanzig Jahre keinerlei Kontakt. Aber während dieser Jahre habe ich ständig an ihn gedacht, habe mich nach ihm gesehnt.« Die Ehe mit ihrem ersten Mann war lieblos. Elisabeth: »1991 hatte ich dann plötzlich eine Erleuchtung: Ich wusste schlagartig, was zu tun war – die Trennung von meinem Mann. Am 16. April habe ich es meinem Mann und den Kindern – damals neunzehn und sechzehn Jahre alt – gesagt. Am 1. Juli bin ich ausgezogen. Für Auseinandersetzungen und Kämpfe um die Kinder hatte ich keine Kraft mehr. Ein zweites Mal zog ich damit den Zorn Gottes auf mich, denn ich hatte ja versprochen, ›bis dass der Tod uns scheidet‹. Ich war überzeugt, dass meine Kinder mit mir gehen wollen, aber keines von beiden machte die geringste Andeutung. Sie blieben im gewohnten Umfeld, im Haus beim Vater und meinen Eltern. Meine Eltern haben meinen Entschluss verurteilt und den Kontakt zu mir nahezu abgebrochen. Familienfeste feierten sie mit meinem Exmann – der inzwischen wieder verheiratet und ausgezogen war – und den Kindern.«

Der Preis, den Elisabeth für den Bruch mit den kirchlichen Gesetzen zu zahlen hatte, war hoch: »In meiner Heimatstadt wurde ich zur Außenseiterin. Ich habe den Zugang zu meinen Kindern verloren. Viele Menschen haben aufgehört, mich zu grüßen. Ich hatte bis heute nicht die Möglichkeit, mit meinen Kindern über die Trennung zu reden. Sie blocken ab. Diese Situation macht mich bis heute ziemlich ratlos. Kann ich etwas tun? Was kann ich tun?«

Der Gewinn ihrer Entscheidung ist dennoch einzigartig. Elisabeth: »Ich spüre jeden Tag, dass diese beiden schwerwiegenden Entscheidungen – der Ungehorsam gegen die Gesetze Gottes (oder seiner Kirche) – richtig waren. Ich bin inzwischen seit 27 Jahren mit diesem ersehnten Mann verheiratet. Ich fühle mich frei, wie ich es in den ersten vierzig Jahren meines Lebens mir nicht vorstellen konnte. Leider muss ich sagen, dass ich erst nach dem Tod meiner Eltern ganz langsam anfing, mich frei zu fühlen. Ihre körperliche Anwesenheit vermittelte mir jedes Mal die ständige Präsenz von Gottes Geboten. Dass ich ungehorsam war gegen Gottes und ihre Werte. Dass ich zu Recht die Folgen tragen muss. Vor ihrem Tod – ich habe beide bis zum Tod versorgt und begleitet – waren wir versöhnt miteinander. Darüber bin ich froh!« Auf eine tiefe Wiederannäherung mit den inzwischen erwachsenen Kindern wartet Elisabeth »ohne Ärger, aber voll Hoffnung«.

Wie lautet das römische Sprichwort: *Dum spiro, spero. Solange ich atme, hoffe ich.* Mit siebzig Jahren hat Elisabeth sich jetzt eine Website einrichten lassen als Gesundheitsberaterin GGB, das hatte sie sich vorher nicht zugetraut.

Was rät sie in Sachen »Ungehorsam«? Elisabeth: »Möglichst früh im Leben damit beginnen und mit kleinen Dingen üben: ›Kein braves Kind sein‹. Der Grund für Ungehorsam sollte immer das eigene Herz sein, nicht Trotz oder die Idee, jemandem weh zu tun. Mein Herz kennt meine Träume, meine Wünsche, meine Sehnsüchte. Nur ich selbst kann ihre Wichtigkeit einschätzen und Ungehorsam gleichsam bei mir selbst einfordern, um mein Leben zu leben.«

Das Recht auf ihr eigen-sinniges Gottesbild erkannte Miriam (Name geändert) anlässlich eines Vortrages von mir. Wie das? Im Rahmen eines insgesamt zehn Jahre währenden Vortragszyklus »Von Sokrates bis Sartre« und bei der Herausgabe meines Philosophiebandes »Spinoza. Gott ist Natur – Natur ist Gott« (2005) sprach ich vor 1100 Menschen in der Stadthalle von Lahnstein über den Denker. Spinozas Botschaft elektrisierte die geistig engagierte Zuhörerin.

Zur ihrer religiösen Entwicklung schrieb mir Miriam danach: »Ich weiß nicht mehr, wann es war, als mich beim Religionsunterricht die ›Erlösungsbotschaft‹ erreichte. Zunächst war ich heilfroh, dass ich zu denjenigen gehörte, die lange Zeit nach Christi Geburt auf die Welt kamen und somit auf jeden Fall an der ›Erlösung‹ teilhaben konnten. Mit der Zeit aber kam bei mir die blanke Wut hoch, als ich mir vorstellte, dass meine Lieblingsfigur ›Rulaman‹ aus der Zeit der Höhlenmenschen nicht erlöst werden konnte, da er das Pech hatte, so viel früher als Jesus geboren zu sein. Diese Ungerechtigkeit wurde von mir irgendwann als Schülerin mit Austritt aus dem Religionsunterricht quittiert. Erlösung nur für einen privilegierten Kreis, nämlich nur für die nach Christus Geborenen, das fand ich ungerecht und nicht akzeptabel. Das war die kindliche Ausgangslage.«

Herausforderung Nummer zwei war für Miriam die Begegnung mit ihrem Mann, der einen säkularen Humanismus vertritt: »Ich lernte meinen Mann kennen, der weder getauft war noch irgendeiner Kirche angehörte. Er vertrat auch immer, zum blanken Entsetzen meiner Umgebung, dass es nach dem Leben nichts mehr zu erwarten gäbe. Er lehnte die Drohbotschaften von jeher ab, von niemandem wollte er sich erpressen lassen. Ich habe seine Haltung toleriert, zum Teil auch bewundert, auch wenn ich streckenweise mit dem, was er äußerte, nicht umgehen konnte … Dennoch habe ich mich mit ihm bis aufs Messer gestritten, weil ich mein Recht behauptet habe, dass mir weder der Papst sagen dürfe, was ich zu glauben, noch er, was ich *nicht* zu glauben hätte.«

Miriam lebte also in geistiger Unruhe, halb sicher, halb verunsichert. Sie schrieb: »Dann kam Dein Spinoza-Vortrag. Ich war sprachlos. Genau das war es: Jeder Mensch darf sich sein eigenes Gottesbild machen, und zwar auch völlig unabhängig von irgendeinem anderen Menschen, einer Institution und ohne darüber Rechenschaft ablegen zu müssen. Dass man auch dieses Bild fortentwickeln, erweitern, sogar ändern kann, und es immer noch ein eigenes Gottesbild bleibt, das waren für mich grandiose Gedanken. Das war für mich der wichtigste Befreiungsschlag in meinem Leben, das hat in mir gezündet.«

Miriam erlaubte sich Denkfreiheit: »Spinoza schafft beim Glauben Ebenbürtigkeit. Mein eigenes Gottesbild ist gleichberechtigt wie das der Christen und jeder anderen Religionsgemeinschaft. Mit diesem neuen Bewusstsein konnte sich bei mir noch viel mehr Verständnis für andere Religionen und andere Gottesbilder entwickeln. ›Gott ist Natur – Natur ist Gott‹ passte haarscharf auf mein Gottesbild. Für mich ist die Natur göttlich.«

Das war die Befreiung von der »Gottesvergiftung«, von der der Freiburger Psychoanalytiker Tilmann Moser in seinem gleichnamigen Buch spricht und sich damit von der eigenen ekklesiogenen Neurose als Sohn eines christlichen Wanderpredigers befreite. Auch ich bin als indoktrinierter früherer Jesuitenschüler diesen Weg gegangen. Der Abschied von starren dogmatischen Religionsformen ist fast immer auch

Ermutigung zur geistigen und erotischen Emanzipation. Miriam bekannte offen: »Jetzt habe ich aber noch einen ›Nachklapp‹: Wenn jeder sich ein eigenes Gottesbild machen darf, dann darf auch jeder seine eigene Sexualität leben. Ich bin mir sicher, Spinoza wäre mit dieser Erweiterung und mit jeder anderen, die zur Befreiung des Einzelnen beitragen kann, einverstanden.« Baruch de Spinoza (1632 – 1677) – Danke!

Über die katholische Kirche zu sprechen, bedeutet heute leider, die Ursachen und Folgen ihres pandemischen sexuellen Missbrauchs auf allen Kontinenten zu benennen, zu analysieren und Reformen anzumahnen. Claudia ist eines dieser Opfer klerikaler psychischer Gewalt. Sie hat darüber mit Fachleuten die scharfsinnige Studie »Machtmissbrauch in der katholischen Kirche: Aufarbeitung und Prävention sexualisierter Gewalt« (Verlag Olms) herausgegeben und auf einer der Tagungen unserer Gesellschaft für Gesundheitsberatung (GGB) mutig gesprochen. Sie war, so berichtete sie mir jetzt, in ihrer Kindheit, »ein sehr liebes, angepasstes Mädchen«, »durch den Konsum von reichlich Fabrikzucker auch eher dick«. Nicht ohne Mühe schaffte sie das Abitur, ihre Fähigkeiten lagen vielmehr »in praktischen Tätigkeiten wie Handarbeiten, Werken und Kochen: Wenn ich einmal meinen ›Eigensinn‹ leben wollte, tat ich es also heimlich, denn ich hatte keine Kraft, mich den Anforderungen und Erwartungen, die meine Eltern mir stellten, zu widersetzen. Wichtig war es meinen Eltern, dass wir zwei Mädchen als artige Katholiken jeden Sonntag den Gottesdienst besuchen. Selbst als ich schon volljährig war, beugte ich mich diesen Erwartungen. Irgendwann rührte sich das Bedürfnis, sich dem männlichen Geschlecht zu nähern (obwohl ich auf ein reines Mädchengymnasium ging). Da dies nicht in die sexualfeindliche Erziehung meiner Eltern passte und voreheliche sexuelle Kontakte als ein Tabu galten, traf ich mich mit Jungen eher im Verborgenen.«

Den größten Verrat, den Claudia ihren Eltern antat war »dass ich mich auf eine Beziehung zu einem Priester einließ«. Denn er missbrauchte das Liebesbedürfnis der labilen Jugendlichen sexuell: »Leider musste ich dieses ›Hintergehen‹ und die damit verbundenen Schuldgefühle hart bezahlen, denn ich landete mit der Diagnose ›Schizophrenie‹ in der psychiatrischen Klinik. Dies verstärkte bei mir den Hang zu Schuldgefühlen.« Ein Jahr vor ihrem psychischen Zusammenbruch war Claudia während ihrer Krankenpflegeausbildung aus dem Elternhaus ausgezogen. »Ich hatte mit einer Freundin zusammen eine kleine Wohnung gemietet.« Das bekam ihr nicht gut: »Mein Vater machte mir daraufhin den Vorwurf, dass meine Mutter krank geworden sei, seitdem ich auszog. Dieser Vorwurf erzeugte in mir Schuldgefühle und bremste mich maximal, die Freiheit der Jugend leben zu können. Meine Schwester war in dieser Zeit im Studium und hatte so viele Freiheiten. Mir hingegen machte mein Vater mit seinem Ausspruch ›Mama ist nun krank‹ Schuldgefühle, nur weil ich nun mit zwanzig Jahren fünf Kilometer entfernt vom Elternhaus wohnte. All diese Schuldgefühle schwächten mich so sehr, dass ich psychisch zusammenbrach. So entstand in mir die Annahme, dass man es mit der Folter ›Psychiatrie‹ bezahlen muss, wenn man seinen eigenen Kopf durchsetzt und nicht so handelt, wie es die Eltern und die Lehren der Kirche es erwarten.«

Dann entdeckte Claudia ihren Eigensinn: »So verwies ich knapp zehn Jahre später meine Eltern meiner Wohnung, als ich mich, inzwischen liiert, vom Vater meines ältesten Sohnes trennte. Meine Eltern meinten, ich müsse diesen Mann, weil er der Vater meines Sohnes ist, heiraten. Ein Glück, ich war so heiß verliebt in meinen jetzigen Mann Andreas, dass ich genügend Energien hatte, meinen Eigensinn durchzusetzen. Welch ein Glück!!! Du weißt, welch ein großer Schatz für mich mein lieber Mann ist und wie froh und glücklich wir über unsere drei Kinder sind!«

Auch in der Ehe war Claudia anfangs »die angepasste, liebe Ehefrau, die kochte und den Haushalt schmiss. Mein Mann Andreas ging fleißig seiner Arbeit nach. Wir beide entsprachen damit genau dem, was unsere Eltern von uns erwarteten.« Von ihrem mittleren Kind, einem notorischen Rebellen, den sie unbeirrbar unterstützte, lernte sie den zähen Sinn, gegen autoritäre Strukturen zu revoltieren. Dann kam der nächste Schritt: »Als ich 2009 mit zweiundvierzig Jahren mein Studium aufnahm, habe ich wirklich ›Eigensinn‹ bewiesen. Mein Mann war eher skeptisch. Ich wurde auch tatsächlich durch das Leben an der Uni zunehmend eigensinnig. Ich stellte das Frauenbild in Frage, fühlte mich benachteiligt, dass ich kein eigenes Geld verdiente. Zu dieser Zeit stellte sich mein ganzes Leben auf den Kopf. 2010 bis 2012 arbeitete ich nach über zwanzig Jahren die missbräuchliche Beziehung zu dem Priester auf, der mich, wie mir heute bewusst ist, nur missbrauchen konnte, weil ich so ein angepasstes ›Mäuschen‹ war. Sein Handeln lässt sich natürlich nicht entschuldigen, aber den Boden für die schlechte Saat des ›Missbrauchs‹ haben leider meine Eltern mit ihrer autoritären Erziehung bereitet, die keinen Eigensinn zuließ.«

Der publizistische Schritt an die Öffentlichkeit und die Konfrontation der örtlichen Kirche und dem Täter gegenüber war ein Gang durch Dornenhecken: »Mein Eigensinn, den Missbrauch öffentlich zu machen, entsprach in keiner Weise den Erwartungen meiner Eltern. Die Aufarbeitung des Missbrauchs stellte zusätzlich unsere Ehe auf eine Zerreißprobe. Ich wollte mich auf einmal nicht mehr ›freiwillig den Männern unterordnen‹. Ich wollte mich keiner Macht mehr beugen. In dieser Zeit kostete mich mein Eigensinn sehr viel Kraft. Es war, als stecke ich mit fünfundvierzig Jahren mitten in der Pubertät. Unsere Ehe drohte zu zerbrechen. Doch wir haben diese Krise gemeinsam gemeistert.

Wir beiden sehen, unsere Beziehung ist so lebendig und dadurch glücklich! 2019 kam dann mein Buch heraus, und ich hielt zwei Vorträge über ›Machtmissbrauch in der katholischen Kirche‹. Diese Vorträge haben mich durch die Empathie der Zuhörerinnen und Zuhörer sehr, sehr beflügelt!« Claudia hat inzwischen ihr Studium erfolgreich absolviert und eine weitere Zusatzausbildung hinter sich. Die neueste Situation: »Das Land Niedersachsen hat meinen Abschluss als ›Kinder- und Jugendpsychotherapeutin‹ anerkannt. Jetzt suche ich eine Stelle in der Klinik. Nach dem Klinikpraktikum darf ich dann schon Stück für Stück Therapien übernehmen und damit meine Ausbildungskosten refinanzieren. Ich möchte ja Andreas nicht so sehr auf der Tasche liegen.« Was kann ich anders, liebe Claudia, als Dir von Herzen zu gratulieren!

Bleibt zu sagen, dass die Entwicklung eines eigen-sinnigen Gottesbildes kein Ende der Religiosität bedeutet. In seinem Werk »Projekt Weltethos« (1990) konstatiert der vom Vatikan »bestrafte« Theologe und langjährige Tübinger Professor Hans Küng: »Viele aufgeklärte Zeitgenossen verzichten auf eine religiöse Begründung des Ethos, weil sie selbst nicht religiös sind. Allzu oft hat Religion zu Rigorismus, Obskurantismus, Aberglauben und Volksverdummung geführt und als ›Opium‹ gewirkt. Auch religiöse Menschen können (sollten) nicht bestreiten, dass viele Menschen, auch ohne Religion faktisch über eine ethische Grundorientierung verfügen und ein moralisches Leben zu führen versuchen. Tatsächlich waren es in der Neuzeit oft mehr nichtreligiöse als religiöse Menschen, die sich für Menschenwürde und Menschenrechte, Gewissen- und Religionsfreiheiten einsetzten.«

In diesem Sinn plädiert Küng für eine »Koalition der Glaubenden und Nichtglaubenden für ein gemeinsames Ethos«. Das globale Projekt »Weltethos« sieht Hans Küng als Rettung in der letzten Stunde: »Die Weltprobleme – die politischen, sozialen, ökologischen und individuellen – haben durch die rasante wissenschaftlich-technologisch industrielle Entwicklung eine derartige Komplexität und Dringlichkeit angenommen, dass sie nur in Zusammenarbeit der verschiedenen gesellschaftlichen Gruppierungen, der religiösen wie der nichtreligiösen, bewältigt werden können. Ein gemeinsames Veto ist dafür grundlegend.«

Überhaupt: Brauchen wir eigentlich den Dogmatismus sogenannter Wunder der Theologie? Stehen wir nicht in Wahrheit bescheiden und staunend vor dem Unbegreiflichen des Makrokosmos, der Unendlichkeit und dem Faszinosum des Universums, und vor dem Mikrokosmos des Cerebrums, unseres Gehirns mit seinen Billionen Nervenzellen und Synapsen? Ist nicht die Dynamik der Evolution das Wunder aller Wunder? In diesem Sinne stand der Physiker Albert Einstein (1879–1955) auf den Spuren Spinozas vor dem stummen Tor der Erkenntnis: »Das Wissen um die Existenz des für uns Undurchdringlichen, um die Manifestationen tiefster Vernunft und leuchtendster Schönheit, die unserer Vernunft nur in ihren primitivsten Formen zugänglich sind – dies Wissen und Fühlen macht wahre Religiosität aus. In diesem und nur in diesem Sinn gehöre ich zu den tief religiösen Menschen.«

Lassen wir am Ende dieser kritischen Stimmen zur doktrinären Amtskirche einen großen Theologen, Arzt und Musiker des letzten Jahrhunderts sprechen – Albert Schweitzer:

Ein freier Mensch

Ich will unter keinen Umständen ein Allerweltsmensch sein.
Ich habe ein Recht darauf, aus dem Rahmen zu fallen – wenn ich es kann!

Ich wünsche mir Chancen, nicht Sicherheiten!
Ich will kein ausgehaltener Bürger sein, gedemütigt und abgestumpft, weil der Staat für mich sorgt.

Ich will dem Risiko begegnen, mich nach etwas sehnen und verwirklichen; Schiffbruch erleiden und Erfolg haben.

Ich lehne es ab, mir den eigenen Antrieb mit einem Trinkgeld abkaufen zu lassen.

Lieber will ich den Schwierigkeiten des Lebens entgegentreten, als ein gesichertes Dasein führen.
Lieber die gespannte Erregung des eigenen Erfolges, als dumpfe Ruhe Utopiens!

Ich will weder meine Freiheit gegen Wohltaten hergeben, noch meine Menschenwürde gegen milde Gaben.

Ich habe gelernt, selbst für mich zu denken und zu handeln, der Welt gerade ins Gesicht zu sehen und zu bekennen: Dies ist mein Werk!

Das alles ist gemeint, wenn wir sagen:
Ich bin ein freier Mensch!

Fazit: Sei einzig, nicht artig.

Ziviler Ungehorsam

Leider ist es eine typisch deutsche Eigenschaft, den Gehorsam schlechthin für eine Tugend zu halten. Wir brauchen Zivilcourage, »Nein« zu sagen.

Dr. Fritz Bauer (1903 – 1968)
Generalstaatsanwalt in Hessen

Was bedeutet »ziviler Ungehorsam«? *Civilis* (Lateinisch) heißt *bürgerlich.* Wikipedia definiert diesen »Ungehorsam« so: »Durch einen symbolischen, aus Gewissensgründen vollzogenen und mit bewusstem Verstoß gegen rechtliche Normen zieht der handelnde Staatsbürger mit einem Akt zivilen Ungehorsams auf die Beseitigung einer Unrechtsituation und betont damit sein moralisches Recht auf Partizipation (politische Teilnahme – M. J.). Die Normen können sich durch Gesetze, Pflichten oder auch Befehle eines Staates oder einer Einheit in einem stattlichen Gefüge manifestieren. Durch den symbolischen Verstoß soll zur Beseitigung des Unrechts Einfluss auf die öffentliche Meinungsbildung genommen werden. Der Ungehorsame nimmt dabei bewusst in Kauf, auf Basis des geltenden Gesetzes für seine Handlungen bestraft zu werden. Denjenigen, der zivilen Ungehorsam übt, geht es damit um die Durchsetzung von Bürger- und Menschenrechten innerhalb der bestehenden Ordnung.«

Der in unserem Prolegomenon, der einleitenden Vorbemerkung, genannte Fritz Bauer, war so ein »Ungehorsamer« von der Weimarer Republik, der NS-Zeit bis in die konservativ geführte Bundesrepublik von Adenauer, Erhard, Kiesinger. Bauer, der eigen-sinnige Jurist, Antifaschist, Emigrant mit Willy Brandt in Schweden, linker Sozialdemokrat und Begründer der Humanistischen Union war ein Streiter für die Demokratie. Als Jude wusste er, was Nationalismus und Antisemitismus für tödliche Folgen haben. Er galt als Störenfried. Bauer: »In der Justiz lebe ich wie im Exil. Wenn ich mein Dienstzimmer verlasse, betrete ich feindliches Ausland.« Weil er der mit Altnazis durchsetzten deutschen Justiz nicht traute, informierte er Israel über den Wohnort Adolf Eichmanns in Argentinien, weil er befürchtete, man werde den Verbrecher von Deutschland aus warnen. Bauer gab damit 1966 den entscheidenden Anstoß für die Ergreifung des Schreibtischmörders an Millionen jüdischen Frauen, Männern und Kindern. Bauers Antrag, die Bundesregierung möchte sich um die Auslieferung Eichmanns in die BRD bemühen, wurde von der Bonner Regierung abgelehnt. 1960 hielt Fritz Bauer vor Vertretern der Jugendverbände das Referat »Die Wurzeln faschistischen und nationalsozialistischen Handelns«. Der Vorschlag des rheinland-pfälzischen Landesjugendrings, den Text in Oberstufengymnasien und Berufsschulen als Broschüre zur Verfügung zu stellen, wurde vom Mainzer Kultusministerium verworfen. Die Ablehnung begründete der junge CDU-Abgeordnete Helmut Kohl 1962 nassforsch, der zeitliche Abstand zum Nationalsozialismus sei zu gering.

1959 erreichte Bauer, dass der Bundesgerichtshof die »Untersuchung und Entscheidung« in der Strafsache gegen 22 Schergen des Konzentrations- und Vernichtungslagers Auschwitz dem Landgericht Frankfurt übertrug. Der legendäre Auschwitzprozess wurde zu einer Art moralischer und politischer Selbstreinigung unserer Republik. Der tapfere hessische Generalstaatsanwalt initiierte auch die Rehabilitation der

Widerstandskämpfer des 20. Juli 1944, die noch lange als »Verräter« galten. Er setzte dem ein Menschenrecht entgegen: »Ein Unrechtsstaat, der täglich Zehntausende Morde begeht, berechtigt jedermann zur Notwehr.«

Natürlich wäre es maßlos, von uns durchschnittlichen Bürgern die individuelle Widerstandskraft eines Fritz Bauer zu fordern. Aber die Zuschriften, die ich zum Thema »Ziviler Ungehorsam« von Euch lieben Schreibern erhalten habe, ermutigen enorm. Arlett kommt aus dem Osten: »Wir haben nahe an der Grenze zum Westen gewohnt, im Sperrgebiet. Meine Mutter war Lehrerin. Ich erinnere mich noch gut, dass mir meine Mutter, als ich vielleicht vier Jahre alt war, sagte, ich dürfe nicht schlecht über die DDR reden, denn sonst komme man ins Gefängnis. Sie selbst war systemkritisch und hat das sicher nur zu meinem Schutz gesagt. Ich erinnere mich aber noch, wie ich an demselben Tag leise zu mir selbst geflüstert habe: ›Die DDR ist schlecht‹. Denn noch war ich ein gutes Mädchen. Sehr gut in der Schule, immer bestrebt, diszipliniert zu sein. Ich war stolze Jung- und später Thälmannpionierin. Ich konnte es nicht erwarten, endlich auch das FDJ-Hemd zu bekommen und am

Schutztraining teilzunehmen, wo die Siebtklässler in Armeeuniform durchs Gelände robben mussten. All das fand ich spannend. Doch das blaue FDJ-Hemd bekam ich nicht mehr, denn es kam die Wende. Ich mochte anfangs den Gedanken nicht. Ich wäre eine perfekte Ostdeutsche geworden. Gehorsam, diszipliniert und fleißig.«

Später, eine Weile nach dem Umbruch, wurde Arlett rebellisch, besonders in der Schule: »Da wir so grenznah wohnten, kamen viele Lehrer aus dem Westen und unterrichteten uns. Sie waren anders und haben sich zum Beispiel über ihr niedriges Gehalt beschwert. Ohne ein Blatt vor den Mund zu nehmen, habe ich dann vorgeschlagen, dass sie doch wieder ›rübergehen‹ sollten, wenn es ihnen hier nicht passte.« Arletts Weltbild wackelte. Aber sie zog aus dem Dilemma einen entscheidenden Entschluss: »Für mich war es eine sehr merkwürdige und lehrreiche Zeit. Alles das, was ich vorher von der Pionierorganisation und vom Staat vorgelebt bekam, galt jetzt als falsch. Ich fand es komisch, dass mir jemand sagt, was falsch und was richtig ist. Also fing ich an, mir meine eigene Meinung zu bilden. Das mache ich noch heute. Ich bin für die

Erfahrung dankbar. Ich möchte die Jahre in der DDR auch nicht missen, denn es waren schöne Jahre. Es war nicht alles schlecht.«

Heute noch ist Arlett »ungehorsam«, wenn sie beispielsweise den Arzt aufsucht: »Ich habe ein paar Semester Medizin studiert. Ich bin nicht dumm. Ich möchte lieber selbst entscheiden können. Deshalb kommt es häufig vor, dass ich beim Arzt Medikamente oder Untersuchungen ablehne. Dabei bin ich aber nicht leichtsinnig. Wirklich Respekt vor den ›Halbgöttern in Weiß‹ habe ich nur, wenn sie vernünftig mit mir reden und nicht wie mit einem unmündigen Patienten. Ich folge keinem Trend mehr, bin nicht Mainstream, sondern denke eigenständig.«

Eigensinn, gibt Arlett zu bedenken, muss man gut abwägen: »Immer ungehorsam zu sein, gibt anderen schnell den Eindruck, eigensinnig und trotzig zu sein. Damit kann man sich vereinsamen, und wer möchte das. Es gibt allerdings Situationen, die es notwendig machen, dass man von vornherein ungehorsam ist, besonders als Frau. Sonst riskiert man, ausgenutzt zu werden. Das ist im Privatleben so wie auch auf der Arbeit.«

Susanne wurde ebenfalls in der DDR sozialisiert. Sie kannte die Spannung zwischen Anpassung und Widerstand: »Ich überwand im August 1988 meine Angst vor dem politischen System in der damaligen DDR und brachte in der Öffentlichen Sprechstunde des Staatsrates meinen Wunsch vor, ein Pädagogikstudium *ohne* Mitgliedschaft in der SED zu absolvieren. Mit Erfolg. Ende September 1989 begann mein Studium an der Humboldt-Universität. Dann kam die Wende. Zum Glück, denn endlich war ein Blick über den Tellerrand möglich. Ich konnte durch dieses Studium meinen Horizont und auch meine beruflichen Chancen enorm erweitern. Mein Leitspruch ›Wer sich nicht wehrt, lebt verkehrt‹ erhielt dadurch eine besondere Bedeutung für mein ganzes Leben.«

Auch im so genannten Goldenen Westen gab es, vor allem seit den 60er-Jahren massenweise zivilen Ungehorsam und, wie bereits früher beschrieben, eine Kultur der Demonstrationen, der Verweigerung und der Proteste. Theo ist Jahrgang 1961, »und damit ein Kind des ›Kalten Krieges‹, was wohl meine Generation geprägt hat«. Er ist das Kind eines Arbeiterhaushaltes. »Ungehorsam« wurde er 1980, als der Bescheid zur Musterung zum Wehrdienst eintraf: »Ich habe mit mir gerungen: den Wehrdienst ›abreißen‹, wie das die meisten machten, oder verweigern? Im Dorf gab es zwei Abiturienten, die hatten verweigert. Die hatten den Intellekt dazu, aber ich?« Dann schrieb er dem Kreiswehrersatzamt, dass er den Wehrdienst aus Gewissensgründen verweigere: »Als ich das meinen Eltern erzählt habe, waren sie überfordert. Die Reaktion war nicht wie erhofft, sondern eher enttäuschend. Das bestärkte das flaue Gefühl in der Magengegend. Die Erleichterung war trotzdem da. *Das Gefühl, das Richtige getan zu haben, war ein gutes Gefühl.*«

Theo, ein langhaariger Jugendlicher, wurde öffentlich angefeindet. Seine Gewissensentscheidung war für den dörflichen Horizont nicht nachvollziehbar: »Aber ich lernte eine andere Welt kennen: die Welt der Friedensbewegung und viele weitere Wehrdienstverweigerer, die meine Meinung teilten. Dadurch wurde meine menschliche wie politische Haltung geprägt, meine humanistische Grundhaltung gefestigt!« Ein großartiger Mensch war der Theologe Christian: »Für einen katholischen Pfarrer stand er dennoch mitten im Leben und war ein professioneller Beistand in den Verhandlungen.« Das war nicht selbstverständlich, denn die Katholische Kirche, voll auf Natokurs, lehnte die Kriegsdienstverweigerung scharf ab.

Theo ging weiter seinen eigen-sinnigen Weg: »Es folgten achtzehn Monate Zivildienst. Ich habe an einem verregneten dunklen Tag in einem Altenheim angefangen. Ich dachte, dass ich das nicht durchhalte. Als mein Zivildienst um war, bin ich mit Tränen in den Augen gegangen. Ich musste viele liebgewonnene Bewohner und Kollegen zurücklassen. Die Welt dort war eine andere als die, die ich als junger Mensch kannte. Ich durfte viel über das Leben und das Sterben lernen. Das prägt mich bis heute. Meine Arbeit mit kranken und benachteiligten Menschen habe ich immer als Herausforderung gesehen. Der Zivildienst war die beste Zeit meines Lebens. Einen großen Halt fand ich zu der Zeit auch in der Literatur von Hermann Hesse. Er bestärkte mich darin, dass mein Eigensinn meine Freiheit im Denken bedeutete und auch Erfüllung für mich ist.«

Hermann Hesse, der an seine Leser in seiner Unermüdlichkeit insgesamt 35 000 Briefe schrieb, meinte in einem von ihnen im November 1941: »Wir müssen unser eigenes Leben leben, und das bedeutet etwas Neues und Eigenes, immer Schwieriges und auch immer Schönes für jeden Einzelnen. Es gibt keine Norm für das Leben, es stellt jedem eine andere einmalige Aufgabe.«

Jens-Michael schließlich ist Koch, hat zwei erwachsene Kinder und lebt mit seiner Partnerin am Bodensee. Seine Liebste ist Gesundheitsberaterin GGB. Bereits mit vierzehn Jahren praktizierte er den zivilen Ungehorsam: »Ich war 1982 und 1983 auf den Demonstrationen für Frieden und gegen die Nachrüstung durch den Westen in Bonn. Aufgewachsen in einem Dorf im Sauerland, bin ich mit einem Freund dahin. Meine Eltern und viele im Dorf haben das nicht akzeptieren können.« Für Jens-Michael war auch klar, den Wehrdienst zu verweigern: »Auf der Musterung hatte ich die Entscheidung, dies drei Herren, die vor einer Deutschlandfahne saßen, mitzuteilen. Für meine Entwicklung war das gut, da ich für mich einzustehen gelernt habe.«

Sein Leben war, durch eigenes Verschulden, nicht einfach: »Vom 19. bis zum 39. Lebensjahr habe ich Drogen konsumiert.« Aber dann revolutionierte er seine Biographie: »2007 bin ich bereit gewesen, mein altes Leben hinter mir zu lassen, und bin in die stationäre Langzeittherapie in die ›Heilstätte Sieben Zwerge‹ nach Salem am Bodensee gegangen. Die Therapie war geprägt durch Regeln, Verantwortung, Konfrontation und viel Kreativität und Künstlerisches. Das hat mir geholfen, gegen meine inneren, ich sage mal Blockaden und Ängste, ungehorsam zu sein. Durch diesen kreativen Ungehorsam habe ich den Dämon Sucht in mir besiegt.«

In den letzten Jahren leidet Jens-Michael unter Morbus Hodgkin und hat eine Chemotherapie hinter sich. »Die Krankheit ist chronisch. Ich habe immer noch stark geschwollene Lymphknoten im Bauchraum und in der Leiste. Auch bei meinem Umgang mit der Krankheit hilft mir mein produktiver Ungehorsam. Meine innere Stimme sagt mir, auf mich selber zu hören und nach ärztlichen Alternativen zu suchen. Und da bin ich auf einem guten Weg. Gerade die Krebserkrankung hat mich zu meinem eigenen inneren Lebensimpuls gebracht. Das ist für mich meine Selbstbestimmung. Und die ist auch ein produktiver Ungehorsam.«

Jens-Michael bekennt: »Meine spirituelle Heimat ist die Anthroposophie. An ihr kann ich mich fordern und entwickeln. Aber auch die

Kunst von Joseph Beuys hat mich geprägt.« Es war der Düsseldorfer Aktionskünstler und Akademieprofessor Joseph Beuys (1921–1986), der erkannte: »Die einzig revolutionäre Kraft ist die Kraft der menschlichen Kreativität.«

Heute, nach den atomaren Verbrechen in Hiroshima und Nagasaki und der aktuellen Klimakatastrophe, geht es längst auch um den weltweiten Ungehorsam. Eben diesen fordert der inzwischen 92 Jahre alte amerikanische Erzdemokrat, Vietnamkrieg- und Kapitalismuskritiker Prof. Noam Chomsky in seiner neuesten Brandschrift »Rebellion oder Untergang« (2021). Chomsky: »An diesem düsteren Tag im August 1945 ist die Menschheit in eine neue Ära, nämlich ins Atomzeitalter, eingetreten. Dabei wird dieses Zeitalter kaum lange dauern können: Entweder wir sorgen für sein Ende, oder es wird sehr wahrscheinlich für das unsrige sorgen.« Zur Klimakatastrophe: »Jedes Jahr sind durchschnittlich 31,5 Millionen Menschen von Desastern wie Überflutungen oder Stürmen auf der Flucht, und dabei handelt es sich um eine längst vorhergesagte Auswirkung der Erderwärmung. Und diese Zahlen werden mit dem Schmelzen der Gletscher und dem Ansteigen des Meeresspiegels noch wachsen.«

Unsere Gegner, diagnostiziert Chomsky, sind mächtig: »Das Kapital ist koordiniert und globalisiert. Gegen diese Front müssen die weltweiten Kämpfe gegen Unrecht und Unterdrückung ihre eigenen Formen von Interaktion und gegenseitiger Unterstützung entwickeln.« Chomsky mahnt in seinem »Aufruf zu globalem Ungehorsam zur Rettung unserer Zivilisation« Augenmaß und Zähigkeit an: »Es ist nutzlos, zu mehr Militanz aufzurufen, wenn die Bevölkerung noch nicht dazu bereit ist, und diese Bereitschaft kann nur durch geduldige Arbeit geschaffen werden. Das mag frustrierend sein, wenn wir an die nur zu reale Dringlichkeit der existenziellen Gefahren denken. Aber egal, ob das frustrierend ist oder nicht, wir können diese vorbereitenden Stufen nicht überspringen.« Wir müssen die Bevölkerung aufklären und für die leidenschaftliche Auseinandersetzung und globalen Ungehorsam gewinnen.

Schmuggelware: Träume

Der Drang zur Selbstverwirklichung wird insbesondere durch unsere Träume wirksam. Diese transportieren Botschaften aus der Tiefe der Seele an das bewusste Ich des Träumers und regen ihn dazu an, die Impulse auch im Wachleben wirksam werden zu lassen.

Dieter Schnocks
Was unsere Träume sagen wollen.
Botschaften aus dem Raum der Seele
(2007)

»Träume sind Schäume« – so lautet das Verdammungsurteil über die nächtliche Bilderwelt. Schiller hielt dagegen den Traum für eine »Gabe der Götter«. Freud erkannte: »Traumdeutung ist die via regia, der Königsweg, zur Kenntnis des Unbewussten im Seelenleben.«

Was haben aber die Träume mit unserem Traktat über den Eigen-Sinn und die »Ungehorsamkeit« zu tun? Die Ärzte Sigmund Freud (1856–1939) und Carl Gustav Jung (1875–1961) erkannten: Träume sind nicht einfach Abfalleimer des Bewusstseins. Sie sind nicht gehirnphysiologische Exkremente. C. G. Jung erklärte in »Symbole und Traumdeutung« (1961): »Träume bereiten auf bestimmte Situationen vor, kündigen sie an oder warnen vor ihnen, oft lange bevor sie wirkliche Tatsache werden. Dies ist nicht unbedingt ein Wunder oder eine Vorahnung. Die meisten kritischen oder gefährlichen Situationen haben eine lange Inkubationszeit, nur das Bewusstsein weiß nichts davon. Aber die Träume können das Geheimnis preisgeben.«

Sigmund Freud wiederum hielt in seinem Fundamentalwerk »Die Traumdeutung« (1900) das gleichsam halbherzig Widerständige des Traumes fest. Er ist »ungehorsam« gegen das disziplinierende »Über-Ich«. Er ist sozusagen Schmuggelware des verborgenen, eigensinnigen Unterbewusstseins. Träume sind nach dieser Theorie eine Art Kompromissbildung zwischen dem »Es«, dem Triebhaften, und dem kontrollierenden »Über-Ich«. Dieser Kompromiss ist ein Filter und schwacher Zensor. Es lässt den Trauminhalt nur in einer entschärften und durch Symbole entfremdeten Form aus dem Unbewussten in das Gedächtnis des Wach-Ichs. Deshalb besteht die Kunst der Traumdeutung –

nicht nur des Psychotherapeuten, sondern jedes sensiblen Menschen – darin, diese Geheimsprache durch die »Chiffrier-Methode« (Freud) zu enträtseln.

Das taten Angelika (41), meine Klientin, und ich erfolgreich. Sie war eine auf mich etwas herb wirkende Chemikerin. Sie befand sich in einer lustlos vor sich hin dümpelnden Ehe mit einem Berufskollegen. Das Paar hatte keine Kinder, kaum gemeinsame Interessen. Der Ehemann verzog sich abends vor dem Fernseher. Sie ging früh ins Bett, strickte noch ein bisschen und schlief, die Wolle in der Hand, ein. Sexualität war Mangelware. Angelika kam in die Praxis, weil sie immer häufiger einen Weinzwang spürte. Sie vermochte eine milde Melancholie oder, sagen wir, eine schwache depressive Episode nicht abzuschütteln. Ihr Chemiker-Mann hatte ihr dagegen Medikamente, nämlich Antidepressiva, empfohlen – die, wegen ihres Abhängigkeitspotentials, nicht unproblematischen Benzodiazepine. Doch Angelika spürte, dass es mit einer medizinischen Intervention nicht getan war. In einer der Sitzungen erzählte sie mir dann folgenden »skandalösen« Traum:

»Ich liege allein auf dem Bett in unserem

Schlafzimmer. Ich bin nackt. Es herrscht eine bleierne Stille. Es fühlt sich so an, als ob die ganze Welt ausgestorben und menschenleer wäre. Ich bin unruhig. Ich warte auf irgendetwas. Ich weiß aber nicht, auf was. Plötzlich sehe ich die Silhouette eines fremden Mannes. Er steht unbeweglich vor dem Fenster unseres ebenerdig gelegenen Schlafzimmers. Er schaut in meine Richtung. Im gleichen Augenblick poltert es machtvoll hinter mir im Schlafzimmerschrank. Ich kann nicht sehen, wer da drin ist. Ich weiß jedoch mit untrüglicher Sicherheit, es ist ein großer schwarzer Hund. Er will mit aller Kraft heraus und stemmt sich gegen die dünne Schranktür aus Sperrholz. Ich verharre atemlos im Bett und ziehe mir die Bettdecke bis zur Nasenspitze. Meine Blicke wandern *hingerissen* (von mir hervorgehoben – M. J.) zwischen dem tumultuösen Schrank und dem fremden Mann vor dem Fenster hin und her. Dann bricht der Traum ebenso abrupt, wie er begonnen hat, wieder ab.«

Angelikas Traum verhüllte und entbarg das Thema Sexualität auf eine berückende, fast schwindelig machende Weise. Die Traumkomponenten »bleiern«, »Schlafzimmer«, »Schrank«,

»großer schwarzer Hund«, »nackt« brachten Angelika und mich auf die analytische Spur. Vor allem das kleine Wörtlein *hingerissen* beschäftigte uns. Es ging um Angelikas brachliegende Sexualität.

Der Hund, der im Schrank wütete, symbolisierte das Raubtier Sexualität. Es lässt sich auf die Dauer nicht zähmen. Man kann noch so viel neurotischen oder katholischen Gips in die Unterhose schütten, die Sexualität will heraus! Die Wand zwischen dem triebhaften »Es« mit seiner hundestarken Libido und dem kontrollierenden Über-Ich ist, wie wir seit Freud wissen, sperrholzdünn. Die Nacktheit der Träumerin signalisiert ihre wache Weiblichkeit und erotische Strebung. Nacktheit kann die Scham der Entblößung bedeuten, aber auch die Bereitschaft, sich unverhüllt mit seinem Begehren zu zeigen. Nacktheit heißt dann, die eingebimsten Moralvorschriften wie eine lästige Kleidung abzulegen. Der schattenhafte Mann am Fenster rundet schließlich das erotische Tableau ab. Es war nicht ihr Ehemann, sondern sozusagen Gott Eros in höchsteigener Person. Er symbolisierte die Begegnung mit der Sexualität schlechthin, legal, illegal, scheißegal.

Angelikas Sexualität – und Emotionalität – ließen sich auf die Dauer nicht länger unterdrücken. Sie erlebte sie denn auch im Folgenden in einer turbulenten Außenbeziehung mit einem göttlich schönen jüngeren Mann. Danach unternahm sie eine erfolgreiche Grundsanierung ihres ehelichen Beziehungsgebäudes. In Angelika ereignete sich der Urknall des Eros. Nietzsche sagt über ihn in »Die Fröhliche Wissenschaft«: »Er ist durstiger, herzlicher, hungriger, schrecklicher, heimlicher als alles Weh.«

Vor einiger Zeit erlebte ich einen drastischen Einblick in das Drama eines autoritären Vaters und den Traum seiner blitzgescheiten Tochter. Dolly suchte meine Sprechstunde auf und erzählte. Mit dreißig Jahren begegnete Dolly ein Traum, der die Wende in ihrem bisher angepassten Leben bedeutete: »Ich laufe an einem schönen klaren, nicht sehr tiefen Wasser entlang und schaue immer wieder hinein. Ich sehe, wie der Boden des Bächleins mit Kieselsteinen und Sand belegt ist. Weiter erblicke ich, dass an den Ufern keine Pflanzen wachsen. Es ist alles glasklar. Plötzlich bleibe ich stehen und entdecke, da hat ja ein Kind eine Puppe ins Wasser fallen lassen. Die Puppe ist aus Plastik und hat nichts an.

Soll ich sie herausziehen? Es wäre keine Anstrengung für mich. Also greife ich zu. In dieser Sekunde verwandelt sich die Puppe in eine Kinderleiche. Eiskalt fühlt sich das kleine Wesen an. Angewidert werfe ich es zurück ins Wasser und renne weg. Das scheint der Zeitpunkt des Erwachens gewesen zu sein.«

Dolly bearbeitete damals, wie sie mir berichtete, den Todestraum mit Hilfe ihrer Therapeutin. Sie erkannte: »Das Kind in mir war tot.« Sie musste ihre Anpassung über Bord schmeißen. Sie war nämlich, wie die Psychologie es diagnostiziert, eine »Gefalls-Tochter«. Diese spielt die Rolle von »Papas Sonnenschein«. Sie darf nie traurig sein. Sie lebt gleichsam in Franz Lehárs Operette »Land des Lächelns«: »Immer nur lächeln und immer vergnügt/… doch wie's da drin aussieht, geht niemand etwas an.« Ich zitierte die Erkenntnis der Hamburger Individualpsychologin Sigrid Steinbrecher aus ihrem Werk »Die Vaterfalle«: »Lieblingstöchter bleiben die Opfer ihrer Ideen. Sie bleiben, was sie immer waren: die kleinen betrogenen Mädchen, die in ihrem Herzen weinen und nach außen lachen, die schwach sind und doch stark scheinen.«

Dolly weint nicht mehr. Die heute über Achtzigjährige ist eine kämpferische Sozialdemokratin und stark geworden: Seit zwölf Jahren lernt sie im Seniorenstudium an der Universität Saarbrücken Soziologie, Sozialpsychologie und vergleichende Literaturwissenschaft. Sie ist eine gebildete Frau geworden und eine unerschütterlich streitbare Demokratin.

Träume können uns also eine Entwicklungsaufgabe stellen. Sie sind häufig antizipatorisch, der Zukunft vorausgreifend. Irene (58), Krankengymnastin, mit dem sieben Jahre älteren Richard verheiratet, hatte einen klassischen Einbrechertraum. Irene: »Ich lag allein im Ehebett im ersten Stock unseres Hauses. Mein Mann war weg. Er war auf einer Tageswanderung mit zwei früheren Arbeitskollegen. Es könne, so hatte er undeutlich gemurmelt, mit seiner Heimkehr etwas später werden. Plötzlich hörte ich Geräusche und eine Tür gehen. Ich hatte Angst. Da war ein Einbrecher. Er rumorte im unteren Stock herum. Dann hörte ich seine Schritte auf der Treppe in den ersten Stock. Im Traum versteckte ich mich in einem Einbauschrank im Schlafzimmer. Mein Herz klopfte. Würde der Einbrecher mich finden und töten, fragte ich mich? Es dauerte eine Ewigkeit, bis seine Schritte verhallten. Dann traute ich mich wieder aus dem Schrank heraus. Meine Bestürzung war unbeschreiblich, alle Möbel im Haus waren verschwunden, sogar das Ehebett. Dass dies absurd und von einem einzigen Einbrecher in dieser kurzen Zeit technisch überhaupt nicht zu bewerkstelligen war, fiel mir nicht auf. Ich stand nur da in der Leere des Hauses und dachte, ›alles ist aus‹. Es war ein Albtraum, über den ich mich nach dem Erwachen tagelang nicht beruhigen konnte.«

Ein Einbruch kann bedeuten, dass fremde Kräfte in das Haus des Träumenden eindringen, die dort nicht hingehören und ihn seiner Lebenswirklichkeit berauben. So war es auch hier. Was Irene zu diesem Zeitpunkt nicht wusste, war, dass Richard, ein Rentner mit viel Zeit, sich eine Geliebte zugelegt hatte. Während Irenes beruflicher Abwesenheit hielt diese sich sogar öfter tagsüber im Haus, ja sogar im Schlafzimmer des Ehepaares auf. Sie brach im Wortsinn in das Leben und Haus des Paares ein. Die Ehe zerbrach an diesem Einbruch. Das Haus musste verkauft, die Möbel ausgeräumt werden. Irene verkroch sich allerdings nicht mehr im Wandschrank, sondern baute sich zielstrebig ein neues Haus der Freundschaften und Beziehungen auf.

Träume überlassen die Hauptaufgabe ihrer Botschaften des Unbewussten dem Träumer. Das hat der Dramatiker Friedrich Hebbel (1813–1863) in seinem Essay »Der Traum als Prophet« so beschrieben:

Was dir begegnen wird,
wie sollte der Traum es dir sagen?

Was du tun wirst,
das zeigt er schon dir an.

Ich selbst träumte in den kindlichen Jahren meiner jesuitischen Erziehungskaserne immer wieder einen seriellen, also sich hartnäckig wiederholenden Traum. In ihm flog ich als eine Art Batman über die Klostermauern in eine sonnige Zukunft. Tatsächlich flog ich dann später gleich zweifach – pädagogisch als Strafe vom Internat, symbolisch in die Freiheit meines Elternhauses. Darüber habe ich am Anfang dieses Büchleins berichtet.

Der Philosoph Ernst Bloch reiht in seinem Hauptwerk »Prinzip Hoffnung« die Träume unter die Zukunftskategorie des »Noch-nicht« ein. Er sieht sie als einen »Teil auf dem riesigen Feld des utopischen Bewusstseins«. In diesem Sinn können Träume bei unserem Abenteuer der Individuation, der Ichwerdung, Stufen zum Nächsthöheren sein.

Unsere Träume können wir allerdings erst verwirklichen, wenn wir uns entschließen, aus ihnen zu erwachen.

Das Paradies der Eigensinnigen

Ein neues Lied, ein besseres Lied,
O Freunde, will ich Euch dichten!
Wir wollen hier auf Erden schon
Das Himmelreich errichten.

Heinrich Heine (1797 – 1856)
Deutschland ein Wintermärchen

Seit Jahrtausenden ist das Paradies in fast allen Weltreligionen, außer dem Buddhismus etwa, Sehnsucht und Ziel von Milliarden Menschen. Es ist im Jenseits kartographiert. Wie heißt es in den biblischen »Seligpreisungen«: »Ihr Armen im Geiste freuet Euch, denn ihrer ist das Himmelreich.« Im Zeichen der Aufklärung und Säkularisierung wird heute das »Paradies« irdisch verstanden und in das Herz des Menschen und die von uns zu gestaltende Welt gelegt. Goethe bekundet in einem Brief vom 10. November 1767 an E. W. Behrisch: »Wir sind unser eigener Teufel, wir vertreiben uns aus unserem Paradies.«

Diese alltägliche Paradiesaustreibung beruht – neben globaler Armut, Hunger, Kindersterblichkeit und Umweltkatastrophen – auf den »ernährungsbedingten Zivilisationskrankheiten«, wie sie Ärzte wie Maximilian Oskar Bircher-Benner (1867–1939), Werner Georg Kollath (1892–1970) und Max-Otto Bruker (1909–2001) erforschten. Diabetes, Herzkrankheiten und Gelenkerkrankungen nehmen als Folge fabrikatorischer Mangelernährung ein pandemisches Ausmaß an. Die gesamte Psychosomatik, also die Leib-Seele-Behandlung, wird darüber hinaus immer noch vernachlässigt. Das Magazin SPIEGEL konstatierte bereits in einem Leitartikel 1994 (Nr. 45) scharfsinnig: »Mit dem Aufstieg der wissenschaftlichen Medizin – begann der Abstieg des Patienten. Weder die von Sigmund Freud ausgelöste psychologische Revolution noch die neueren Erkenntnisse der Psychosomatik, dass körperlich-somatische Krankheiten psychische Ursachen haben können, taten der zunehmenden Seelenlosigkeit der Reparaturmedizin keinen Abbruch.«

Der Ganzheitsarzt Frank Nager (1929–2018), langjähriger Chefarzt am Kantonsspital Luzern, kritisiert in seinem Buch »Der heilkundige Dichter Goethe und die Medizin«: »Aus der tieferen Sicht ist der Arzt ein hilfreicher, herzensgebildeter und fachlich kompetenter Mensch mit edlen ›Gesinnungen‹; ein Heilkundiger, der im Patienten einen Bruder oder eine Schwester sieht und Therapie im ursprünglichen Wortsinne von *therapeuein*, pflegt: als barmherziges Dienen an jemandem, der ihn in seiner Not ruft.« Nach Nager ist die ursprüngliche weibliche Heillehre inzwischen weitgehend von Männern erdacht, geformt und wie der Turm zu Babel tollkühn in die Höhe »gespitzt« worden. Nager: »Aus einer *weisen Heilkunde* ist eine *machtvolle Medizintechnik*, eine einseitig männliche Wissenschaft geworden.«

Nager konnte sich dabei auf Karl Jaspers (1883–1969), den Psychiater und Philosophen stützen. In seinem vor medizinischen Kollegen gehaltenen Vortrag »Der Arzt im technischen Zeitalter« (1958) konstatierte er: »Ärzte werden zu Funktionen: als allgemeiner praktischer Arzt, als Facharzt, als Krankenarzt, als spezialistischer Techniker, als Laborarzt, als Röntgenarzt ... Der Kranke sieht sich in einer Welt von Apparaturen, in denen er verarbeitet wird, ohne dass er den Sinn der über ihn verhängten Vorgänge versteht. Er sieht sich Ärzten gegenüber, deren keiner *sein* Arzt ist. Der Arzt selber scheint dann zum Techniker geworden.« Jaspers insistierte auf der sprechenden Medizin: »Dabei bleibt das Gespräch zwischen Arzt und Kranken das Wesentliche.«

»Das Fatale am Paradies ist, dass man es nur im Leichenwagen erreichen kann«, spöttelte der französische Schriftsteller und Schauspieler Sacha Guitry (1885–1957). Hören wir Pauline. Sie will ihren Garten Eden lieber zu Lebzeiten errichten. Sie erinnert sich: »Ich habe seit 2011 Morbus Crohn (anfangs Colitis ulcerosa) mit einem schweren Krankheitsverlauf.« Bei beiden handelt es sich um chronisch entzündliche Darmerkrankungen. Pauline: »Ich bin von einem Arzt zum anderen gelaufen, deutschlandweit, jedoch konnte mir keiner weiterhelfen. Aus schulmedizinischer Sicht habe ich alle Therapien/Medikamente bekommen, die es auf dem Markt gibt. Dadurch, dass ich ständig Immunsuppressiva mit heftigen Nebenwirkungen bekommen hatte, habe ich auch schon alles von A wie Abszess bis Z wie Zentrale Venenkatheter durch. Damals, als die Krankheit ausbrach, war ich zehn Jahre alt, das heißt, so richtig habe ich das alles noch nicht verstanden, was da ablief. Meine Eltern haben über die Therapien entschieden und sind mit mir zu jedem Arzt und Heilpraktiker, den es gab, gefahren. Als ich dann in einem Alter war, in dem ich hinterfragt habe, was da mit mir gemacht wird und was das für Medikamente sind, die ich verabreicht bekomme, wurde mir klar, dass das nicht gut sein kann.« Krankenhausaufenthalte und das ewige Leiden war die junge Frau inzwischen so leid. Sie wurde mit medizinischen Ratschlägen zugemüllt: »Du darfst das nicht essen und das nicht trinken, keinen Sport machen und musst Dich schonen, damit Du zu Kräften kommst. Du musst Deine Spritze noch nehmen (ich habe panische Angst vor Spritzen), und vergiss nicht Deinen Termin am Montag bei der Frau Doktor sowieso, und am Donnerstag musst Du nach Jena in die Uniklinik.«

Pauline wollte nicht länger auf ihre Krankheit beschränkt und von einer Therapie in die nächste gestoßen werden: »Mein Leben bestand nur noch aus der Krankheit! Da keine Schulmedizin mir helfen konnte, fasste ich den Entschluss, alle Therapien abzubrechen, und nahm Abstand zur Schulmedizin. Meine Mutter unterstützte mich vollkommen, mein Vater sah dem Ganzen mit einem bitteren Beigeschmack zu.« Pauline: »Wie es der Zufall so wollte, bin ich genau in dieser Zeit auf die Vollwertkost gestoßen! Ich besorgte mir das Buch ›Unsere Nahrung – unser Schicksal‹ von Dr. Max-Otto Bruker. Ich verschlang ein Kapitel nach dem nächsten. Die vitalstoffreiche Vollwertkost war das Erste, was mich so richtig interessierte und wo ich gleich wusste: ›Das ist es! Das klingt so logisch. Was habe ich die letzten Jahre nur mit mir gemacht?!‹ Mit dieser neuen Erkenntnis buchte ich also gleich ein Seminar im Bruker-Haus und hatte ein Gespräch bei Dr. Birmanns (seinem Nachfolger – M. J.). Dieser stellte die Ernährung nochmal genau auf Magen-Darm-Empfindliche ein und siehe da – elf Tage(!) später war ich komplett beschwerdefrei!!! Hätte ich es nicht selber erfahren, hätte ich es für unmöglich gehalten, in diesem kurzen Zeitraum so einen Erfolg verzeichnen zu können. Ein halbes Jahr später habe ich mich wirklich das erste Mal gesund gefühlt und konnte endlich meinen künstlichen Darmausgang zurückverlegen lassen – ein riesiger Erfolg!« Paulines Rat: »Nicht allem zustimmen, sondern selbst Sachen hinterfragen und aktiv werden.«

Eigen-Sinn gegenüber medizinischen Dogmen also. Einen ähnlichen Weg ging die heute 83-jährige Helga: »2018 riet mir eine Gynäkologin meines Vertrauens zu einer Brust-OP wegen einer minimalen Gewebeveränderung. Die Operation ließ ich zu. Technisch verlief sie ordnungsgemäß. Kurz darauf rief diese Ärztin mich dringlich an, um einen zweiten OP-Termin zu verabreden, weil in einem nochmaligen Test ein einzelner Lymphknotenbefund positiv sei. Und nun forderte sie mich auf: neue umfassendere OP, dann unbedingt Bestrahlung, Chemotherapie und Hormonbehandlung über ein bis zwei Jahre.« Helga lehnte ab. Der Hausarzt und der neue Gynäkologe, zu dem sie gewechselt hatte, wurden auf sie angesetzt. Es gab private Anrufe zu ungewöhnlichen Zeiten, um sie umzustimmen. Helga setzte dem ein energisches Ende: »Bis heute, also nach sechs Jahren, gibt es bei der halbjährigen normalen Kontrolle kein positives Tast- und Ultraschallergebnis. Auf jeden Fall also sechs geschenkte Jahre im Gefühl freier Lebensentscheidung.«

»Ungehorsam« war Helga auch gegen den Wunsch des Hausarztes, sie möge doch Blutdrucksenker nehmen: »Wegen eines Schwindelanfalls, der in meinem Alter vorkommen kann und der mich zunächst ängstigte, ging mir der systolische Blutdruck in die Höhe und hielt sich ein paar Tage im höheren Bereich. Das Senker-Mittel lehnte ich ab, nachdem ich den Beipackzettel ›ordnungsgemäß‹ gelesen hatte. Aber es blieb natürlich eine innere Unruhe, die sich auswirkte, zumal mir empfohlen wurde, für ein paar Wochen mit einem Leihgerät Blutdruck-Tagebuch zu führen. Zwei weitere befragte Mediziner empfahlen mir ebenfalls dringend regelmäßige Tabletteneinnahme als einzige Lösung. Ich lehnte sie aber ab, weil mir dieser gesamte Weg des Umgangs mit ›Körper-Krankheit und Heilung‹ größtes Unbehagen machte. Ich ging stattdessen auf die Suche nach einem Kardiologen meines Vertrauens und hatte Glück: Untersuchungen, Belastungstests und so weiter gaben mir die Chance auf einen weiteren Weg ohne Medikamente. Eine möglichst naturnahe Lebensführung und ein engagierter und außerordentlich kompetenter Homöopath verhalf mir zu einem inzwischen regelmäßigen ›120/70‹-Ergebnis.«

Helga zieht das Fazit: »Insgesamt hat mein Kampf um Selbstbestimmung im heiklen Bereich der Medizin, in der ich es ja als fachfremder Laie wesentlich einfacher hätte, mich trotz Zweifel und Unbehagen zu fügen, an die innere Belastungsgrenze geführt. Aber auch dazu, dass ich einerseits wesentlich kritischer alle Dinge betrachte, die in mein Leben eingreifen, andererseits weiß ich wahre Hilfe und Kompetenz viel höher und dankbarer zu schätzen. Heute wandere ich täglich mit Power und Freude durch die hiesigen Wälder, ehrenamtlich als Wildhüterin, begleitet von meinen beiden großen Hunden.«

Mut macht auch Patrik, den bedingungslos arztgläubigen Kranken. Er litt schon als Jugendlicher unter Morbus Bechterew, also der chronisch-entzündlichen Erkrankung, die mit Schmerzen im Rücken einhergehen und häufig zu einer Versteifung der Wirbelsäule führen. Deshalb wurde ihm auch Zivildienstuntauglichkeit bescheinigt. Er wanderte mit seiner damaligen Freundin im Alter von fünfundzwanzig Jahren in die Schweiz aus, erweiterte seinen Horizont, machte eine Ausbildung zum Pflegehelfer beim Roten Kreuz, was für ihn die richtige Entscheidung war. Immer wieder wurde er von Schmerzen geplagt, alle paar Jahre unternahm er eine Kur in Bad Gastein und hielt sich mit Schmerztabletten über Wasser. Er fand eine gute Anstellung in einem Alters- und Seniorenheim in der schönen Landschaft um den Vierwaldstättersee. Eine Kollegin mit kritischem Blick brachte ihn zur Gesellschaft für Gesundheitsberatung GGB und somit auch zur Vollwertkost. Patrik: »Was für ein großer und weiterer wichtiger Schritt!«

Patrik sehnte sich immer stärker nach der Nähe zu seiner Ursprungsfamilie und zu seinen alten Freunden. So entschlossen er und seine Freundin sich nach acht Jahren zu einer Rückkehr in den »wilden Osten«: »Gut erinnere ich mich noch an die Worte meiner sicherheitsdenkenden Mutter: ›Bleibt in der Schweiz. Ihr habt so eine schöne Wohnung, so eine gute Arbeit!‹ Wenn es nach ihr gegangen wäre, hätte ich damals nicht in die Schweiz gehen dürfen und dann diese nach all den Jahren nicht mehr verlassen dürfen. Lob des Ungehorsams.«

Patrik trat eine Stelle in einem deutschen Altersheim an und erwarb einen Bauernhof mit 35 000 Quadratmetern: »Es ist ein herrliches Gefühl, mehrmals täglich die Leib-Geist-Seele-Einheit im Einklang zu spüren. Sich eine eigene kleine Welt zu schaffen, im Einklang mit der Natur.«

Die Krankheit nahm ihn wieder in den Griff, aber Patrik trat eine neue Stelle an und wagte dann den Schritt in die Selbstständigkeit. Er zog ein eigenes Unternehmen auf. Seine ursprüngliche Idee, Ferienwohnungen zu errichten, änderte er in ein betreutes Wohnprojekt und plant ein Café als Begegnungsstätte: »Riesig freue ich mich, dass auch dort die Vollwertkost voll umfänglich gelebt werden kann. Zugleich garantiert es eine weitere Verbreitungsmöglichkeit der wichtigen Informationen über unsere Gesundheit.« So geht es dem langjährigen Morbus-Crohn-Kandidaten mittlerweile optimal. Er hat zu 99 Prozent Schmerzfreiheit. Patrik bilanziert: »Es gibt eine stetig steigende Zahl an Mitmenschen mit wachsendem Gesundheitsbewusstsein. Die Vollwertkost ist eine so herrlich einfache, leckere, sinnstiftende, gesunderhaltende, sich weitgehend im Einklang mit der Natur befindliche Ernährung, die ich nicht mehr missen möchte und die man jedem nur ans Herz legen kann.«

Die von der Politik und den Medien geschürte Angstwelle im Zeichen von Corona (2020/

2021) hat wiederum Heiko zum unbequemen Eigenwilligen gemacht. Er warnt: »Sollten nicht genügend Selbstdenkende ihr Herz in beide Hände nehmen und sich zusammenschließen mit Gleichgesinnten, dann werden die Superreichen und Mächtigen dieser Erde sich durchsetzen, und wir werden für lange Zeit unsere von unseren Vorfahren hart erkämpften Freiheitsrechte ad acta legen können.«

Schon der Dichter, Demokrat und Emigrant Heinrich Heine forderte in seinem anfangs zitierten Gedicht, »auf Erden schon das Himmelreich zu errichten.« Wir können unseren schönen blauen Planeten zu einem relativen Paradies gestalten, wie er mit Lächeln reimt:

Es wächst hienieden Brot genug
Für alle Menschenkinder,
Auch Rosen und Myrthen,
Schönheit und Lust,
Und Zuckererbsen nicht minder.

Ja, Zuckererbsen für jedermann,
Sobald die Schoten platzen!
Den Himmel überlassen wir
Den Engeln und den Spatzen.

Wagen wir unseren Eigensinn. Didi hat das Wagnis auf einem ganz anderen Gebiet, nämlich dem Sport, unternommen: »Es war im Herbst/ Winter 2012/13. Ich war neben meiner Tätigkeit als Jugendtrainer einer D-Jugend auch im Vorstand des SV Molzen als Beisitzer des Vereins aktiv. Es ging in einer Vorstandssitzung unter anderem um die alljährliche Auszeichnung ›Mannschaft des Jahres‹. In den Vorjahren wurden immer nur die beiden Herrenmannschaften, eine Radsportgruppe (bestehend aus Rentnern), sowie eine Damen-Gymnastikgruppe geehrt, aber noch nie eine Jugendmannschaft. Zu dem Zeitpunkt gab es drei Jugendteams im Verein. Als ich es als Fußballtrainer im Vorstand vorgeschlagen habe, dieses Mal die D-Jugend zu nominieren, sind mir die ungläubigen Blicke nur so entgegengeflogen! Das könne man nicht so machen, zumal die zwei Herrenmannschaften in dem Jahr aufgestiegen seien und den ›Titel‹ bereits erwarteten. Außerdem seien Kinder nicht zu der Jahreshauptversammlung eingeladen. Ich kochte innerlich vor Wut, blieb aber dennoch sachlich. Schließlich konnte ich mich durchsetzen, gegen den Willen der ›Alteingesessenen‹. Auch musste ich mir eine gewisse Abneigung der Herrenmannschaften gefallen lassen, für die ich selbst fünfzehn Jahre gespielt hatte. Aber ich hatte auch viele Fürsprecher im Verein. Die Kinder und Eltern waren stolz auf diese Auszeichnung. Ich natürlich auch. Unmittelbar nach der Ernennung ›Mannschaft des Jahres‹ wurden wir sogar Vize-Hallenmeister!«

Warum war dies für Didi, heute ein gestandener Mann, Ehemann einer fabelhaften Frau und Vater von zwei tollen Kindern, so wichtig? Er meint: »Bislang fiel es mir eher schwer, meine Meinung und Argumente anderen gegenüber durchzusetzen. Ich wollte nicht unangenehm auffallen. Ich habe mich jedoch immer wieder geärgert, wenn ich mich überrumpeln ließ. Das war nach dieser Erfahrung anders. Es half mir im Berufsleben weiter, aber auch im Privaten. Ich kann nur jedem raten, einmal gegen den Strom zu schwimmen.«

Du hast so recht, lieber Didi. Ich schenke dir einen Text der amerikanischen Familientherapeutin Virginia Satir (1916–1988), in dem sie unser reiches Entwicklungspotenzial rühmt:

»Ich kann sehen, hören, fühlen, denken, sprechen und handeln. Ich besitze die Werkzeuge, die ich zum Überleben brauche, mit denen ich Nähe zu anderen herstellen und mich schöpferisch ausdrücken kann, und die mir helfen, einen Sinn und eine Ordnung in die Welt der Menschen und der Dinge um mich herum zu finden. Ich gehöre mir und deshalb kann ich etwas aus mir machen.«

Die Erfahrungen, die jeder von uns oft leidvoll, aber unerlässlich für seine Entwicklung erleiden muss, sind stachelige Früchte. Der Philosoph Hans-Georg Gadamer (1900–2002) definiert in seinem 1990 veröffentlichten Werk »Wahrheit und Methode« das kritische Wesen der Erfahrung fünffach:

- »Um Erfahrung zu machen, müssen wir offen sein für Neues.
- Erfahrung bringt uns Wissen, aber wir wissen nie, welches.
- Erfahrung ist im Kern ›negativ‹, insofern sie uns die Welt und ihre Menschen anders enthüllt, als wir dachten.
- Zur Erfahrung gehört daher wesensgemäß der Schmerz, weil sie allzu oft Enttäuschungen unserer Erwartungen bedeutet.
- Offenheit für Erfahrung schützt vor Dogmatik.«

Gadamers großer philosophischer Kollege aus dem 18. Jahrhundert, Immanuel Kant (1724–1804), unternahm eine aufregende Neudeutung des religiösen Paradiesmythos. Das Paradies war nach Kant nicht eine Insel der Seligen, auch keine antike »aurea aetas«, kein goldenes Zeitalter, sondern ein Wartesaal von Stubenhockern ohne Ehrgeiz. Der Mensch wurde nicht, weil er böse war, aus dem Paradies vertrieben. Er befreite sich selbst durch *Arbeit* aus dem paradiesischen Stillstand. Während die Natur das Tier statisch in seinem Überlebenskampf existieren lässt, führt der Denker in seinem Traktat »Idee zu einer allgemeinsamen Geschichte in weltbürgerlicher Absicht« aus, die Natur habe den Menschen und die Menschheit dynamisch angelegt: »Die Natur hat gewollt: dass der Mensch alles, was über die mechanistische Anordnung seines tierischen Daseins liegt, gänzlich aus sich selbst herausbringt und keiner anderen Glückseligkeit teilhaftig werde, als die er sich selbst, frei von Instinkt, durch eigene Herkunft, verschafft hat.«

Kant führt dies in einem brillanten längeren Passus aus, der zu schön ist, um ihn zu kürzen: »Ohne jene, an sich zwar eben nicht liebenswürdigen Eigenschaften der Ungeselligkeit, woraus der Widerstand entspringt, den jeder bei seinen selbstsüchtigen Anmaßungen notwendig antreffen muss, würden in einem arkadischen (idyllischen – M. J.) Schäferleben, bei vollkommener Eintracht, Genügsamkeit, und Wechselliebe, alle Talente auf ewig in ihren Keimen verborgen bleiben: die Menschen, gutartig wie die Schafe, die sie weiden, würden ihrem Dasein kaum einen größeren Wert verschaffen, als dieses ihr Hausvieh hat; sie würden das Leere der Schöpfung in Anziehung ihres Zwecks, als vernünftige Natur, nicht aussöhnen.« Und: »Der Mensch will Eintracht; aber die Natur weiß besser, was für seine Gattung gut ist: sie will Zwietracht. Er will gemächlich und vergnügt leben; die Natur will aber, er soll aus der Lässigkeit und untätigen Genügsamkeit hinaus zwischen Arbeit und Mühseligkeiten stürzen, um dagegen auch Mittel auszufinden, sich wiederum aus dem Letzteren herauszuziehen.«

Kant lässt keinen Zweifel: »Die Natur hat den Schmerz zum Stachel der Tätigkeit in ihn gelegt, dem man nicht entrinnen kann: um immer zu Besserem fortzutreiben.« Selbst die Religion steht für Kant unter der Herausforderung der Tätigkeit. Er sagt: »Alles kommt in der Religion aufs Tun an.« Nur fortgesetzte Tätigkeit erlaubt es dem Menschen, sich zu vergesellschaften, Städte und Staaten zu gründen. Kant: »Das größte Problem für die Menschengattung, zu dessen Auflösung die Natur ihn zwingt, ist die Erreichung einer allgemein das Recht verwaltenden bürgerlichen Gesellschaft.« Nach Kant ist die Kultur ein unendlicher und nie zu beendender Progress zwischen Trägheit und Tätigkeit: »Aus so krummem Holze, aus dem der Mensch gemacht ist, kann nichts ganz Grades gezimmert werden. Nur die Annäherung zu dieser Idee ist uns von der Natur auferlegt.«

Das Paradies ist also gleichsam, mit Kant zu sprechen, eine »regulative Idee«, eine Maxime für das Streben nach Vollkommenheit – des Individuums wie der Gesellschaft.

Bei Kant besteht die produktive Ungehorsamkeit darin, sich nicht wie ein Schaf von einem Hirten amtskirchlicher oder politischer Natur führen und gängeln zu lassen. Der »Allzermalmer der Metaphysik« erinnert uns an unser wichtigstes Instrument, die prometheische Gabe der Vernunft. In seiner von der Preußischen Akademie preisgekrönten, 1784 erschienenen Schrift »Was ist Aufklärung?« stellte er ein für alle Mal fest: »Aufklärung ist der Ausgang des Menschen aus seiner selbst verschuldeten Unmündigkeit. Unmündigkeit ist das Unvermögen, sich seines Verstandes ohne Leitung eines anderen zu bedienen. Selbstverschuldet ist diese Unmündigkeit, wenn die Ursache derselben nicht am Mangel des Verstandes, sondern der Entschließungen des Mutes liegt, sich seiner ohne Leitung eines anderen zu bedienen. Sapere aude (wage, klug zu sein – M. J.)! Habe Mut, dich deines e i g e n e n Verstandes zu bedienen! Ist also der Wahlspruch der Aufklärung.«

Damit können wir unsere Überlegungen über Eigensinn und Ungehorsam abschließen. Sei eigen-sinnig, liebe Leserin, lieber Leser! Schaffe Dein Paradies des Eigen-Sinns selbst. Gut geht es Dir, wenn Du Dich von den Worten der Dichterin Rose Ausländer (1901–1988) beschenken lässt:

Noch bist du da

Wirf deine Angst
in die Luft

Bald
Ist deine Zeit um
bald
wächst der Himmel
unter dem Gras
fallen deine Träume
ins Nirgends

Noch
duftet die Nelke
singt die Drossel
noch darfst du lieben
Worte verschenken
noch bist du da

Sei was du bist
Gib was du hast

Ein Verlag, ein Haus, eine Philosophie.

Millionen Bundesbürger kennen den kämpferischen Ganzheitsarzt Dr. Max Otto Bruker (1909–2001) aus dem Fernsehen, aus Vorträgen, durch den „Mundfunk" überzeugter Patienten. Vor allem lesen sie aber die rund 30 Bücher des schwäbischen Humanisten und Seelenarztes. Mit einer Gesamtauflage von mehreren Millionen Exemplaren ist Max Otto Bruker der wohl bedeutendste medizinische Erfolgsautor im deutschsprachigen Raum. Der – in der Nachfolge des Schweizer Reformarztes Bircher-Benner scherzhaft „Deutschlands Vollwertpapst" genannte – Massenaufklärer, langjährige Klinikchef und Ernährungsspezialist lehrt zwei fundamentale Erkenntnisse Patienten wie Gesunden: Der Mensch wird krank, weil er sich falsch ernährt. Der Mensch wird krank, weil er falsch lebt.

Hinter den Erfolgstiteln des emu-Verlages steht ein bedeutender Forscher und Arzt, eine Bewegung, ein Haus und tausende Schülerinnen und Schüler. 1994 wurde das „Dr.-Max-Otto-Bruker-Haus", das Zentrum für Gesundheit und ganzheitliche Lebensweise, auf der Lahnhöhe in Lahnstein bei Koblenz bezogen. Es stellt die äußere Krönung des Brukerschen Lebenswerkes dar: Der lichte Bau mit seinem Grasdach, den Sonnenkollektoren, seinen Seminarräumen, dem Foyer mit der Glaskuppel, 18 biologischen Gäste-Appartements, dem wunderschönen Brukergarten mit Kneippanlage, Raum der Stille, Naturwald und dem Lehrpfad sind als Treffpunkt für all jene konzipiert, denen körperliche und seelische Gesundheit, ökologische und spirituelle Harmonie Herzensbedürfnis und Sehnsucht sind.

Hinter dem eleganten Halbmondkorpus mit dem markanten Grasdach verbirgt sich eine Begegnungsstätte für Gesundheitsbewusste, Seminarteilnehmer, Trost-, Ruhe- und Anregungsbedürftige.

Feste Termine:

Jeden Montag, 19.00 Uhr: Gesprächskreis Lebenskrisen mit Hassan El Khomri, Psychologischer Psychotherapeut

Jeden Dienstag, 18.30 Uhr: Vortrag Dr. phil. Mathias Jung (Lebenshilfe und Philosophie)

Jeden Mittwoch, 10.30 Uhr: Fragestunde mit Dr. med. Jürgen Birmanns (Ärztlicher Rat aus ganzheitlicher Sicht)

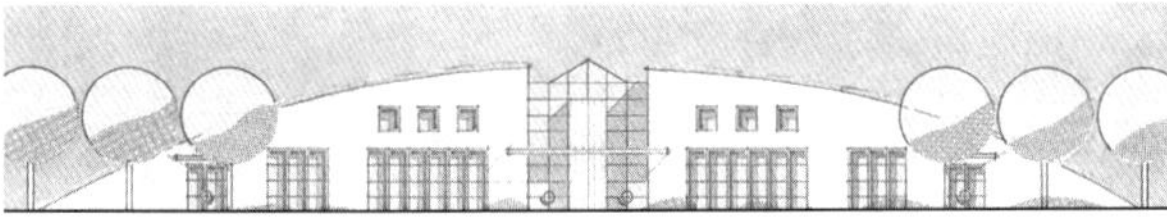

Das Dr.-Max-Otto-Bruker-Haus

Ausbildung Gesundheitsberater/in GGB
Lebensberatung/Frauen-, Männer- und Paargruppen

Die vitalstoffreiche Vollwertkost hat ihre Verbreitung, auch im klinischen Bereich, durch die unermüdliche Information und praktische Durchführung von Dr. M. O. Bruker gefunden. Um die Erkenntnisse gesunder Lebensführung und die durch falsche Ernährung provozierte Krankheitslawine ins öffentliche Bewusstsein zu rücken, bildet die von ihm 1978 gegründete „Gesellschaft für Gesundheitsberatung GGB e. V." ärztlich geprüfte Gesundheitsberaterinnen und Gesundheitsberater GGB aus. Über 5000 Frauen und Männer haben bislang die berufsbegleitende Ausbildung bestanden und wirken in Volkshochschulen, Bioläden, Lehrküchen, Krankenhäusern, ärztlichen Praxen, Krankenversicherungen und ähnlichen Bereichen.

Auf der Lahnhöhe erhalten Sie durch das GGB-Expertenteam nicht nur eine sorgfältige Grundlagenausbildung über die vitalstoffreiche Vollwerternährung und den Krankmacher der „entnatürlichten" (denaturierten) Zivilisationsernährung (raffinierter Fabrikzucker, Auszugsmehle, fabrikatorische Öle und Fette, tierisches Eiweiß usw.), sondern gewinnen auch Einblick in die leibseelischen Zusammenhänge der Krankheiten.

Praxisseminare/Kochkurse

Das Dr.-Max-Otto-Bruker-Haus verfügt über eine Lehrküche sowie einen großen Kräutergarten. Es werden zahlreiche vegetarische Koch- und Backkurse für eine moderne vitalstoffreiche Vollwertkost angeboten. Der Schwerpunkt liegt auf einer „alltagstauglichen", aber dennoch fantasievollen, gesunden Ernährung ohne Tiereiweiß.

Das Programm umfasst Einführungskurse in die vitalstoffreiche Vollwertkost, Brotbackkurse, Männerkochkurse, Weihnachtsbäckerei, einen Kurs „Kaltes Büfett" und auch Wildkräuterseminare (incl. Zubereitung von Wildkräutergerichten).

Anfragen zur Gesundheitsberater-Ausbildung und Praxis-Seminaren in der Lehrküche in Lahnstein, wie zu den Selbsterfahrungsgruppen, Lebensberatung, Paartherapie und Psychotherapie bei Dr. Mathias Jung und Psychologischer Psychotherapeut Hassan El Khomri, zu weiteren Tages- und Wochenendseminaren sowie Einzelberatung sind zu richten an die

Gesellschaft für Gesundheitsberatung GGB e.V.,
Dr.-Max-Otto-Bruker-Str. 3,
56112 Lahnstein
Tel.. 02621/91 70 17, 91 70 18, 91 70 10, Fax: 02621/91 70 33
E-Mail: seminare@ggb-lahnstein.de
Internet: www.ggb-lahnstein.de

Fordern Sie ebenfalls ein kostenloses Probe-Exemplar der Zeitschrift „Der Gesundheitsberater" an.

Von Dr. Jung sind im emu-Verlag Märchendeutungen in der »gelben reihe« erschienen:

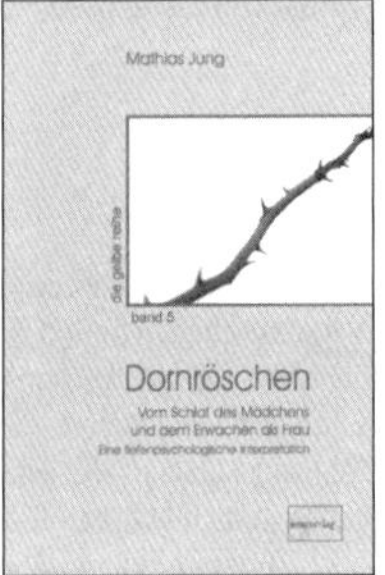

Bereits in dieser »Kleinen Reihe« erschienen:

Von Dr. Jung sind im emu-Verlag in der »roten reihe« erschienen:

Von Dr. Jung sind im emu-Verlag in der »blauen reihe« erschienen:

Weitere Bücher von Dr. Mathias Jung aus dem emu-Verlag:

Mathias Jung
Dr. Jung's kleine Seelenapotheke
Gedanken, Fundstücke, Einsichten & Zweisichten
349 Seiten, gebunden, ISBN 978-3-89189-197-1

Bei körperlichen Krankheiten wissen wir: Gesundheit ist ein Informationsproblem. Doch was tun bei seelischen Störungen, lebensbedingten Krankheiten? Hier brauchen wir psychologisches Wissen, um zu gesunden.

In der heutigen Flut von Lebenshilfe-Ratgebern bietet die *Kleine Seelenapotheke* eine klare, übersichtliche Hilfestellung zur »seelischen Navigation«.